SERMENT D'ALLEGEANCE

Nous, les Haïtiens, à travers cette constitution, donnons notre plein consentement au gouvernement en vue de l'autoriser légitimement à nous gouverner par l'implémentation d'une justice sociale vers l'autosuffisance alimentaire, la défense de notre souveraineté, la propreté de nos voiries, la création d'emplois, la protection bonifiée de notre environnement, le bon fonctionnement de nos institutions, la distribution équitable des pouvoirs de la République, la déconcentration effective des services publics sur toute l'étendue du territoire, la diversité spirituelle et le respect continu des droits fondamentaux de chacun de nous.

LA CONSTITUTION HAITIENNE DE ~~1987~~ 2012 EXPLIQUEE

Bobb RJJF Rousseau

La Constitution Haïtienne de ~~1987~~ 2012 Expliquée

Droits d'Auteur © 2017 par Bobb RJJF Rousseau

DEDICATIONS

O ui, je l'ai fait et pour cela , je remercie Dieu pour avoir guidé mes pas et éclairé mon chemin. Croyez-moi, à maintes fois, j'ai décidé de quitter mais Il m'a donné le courage nécessaire pour continuer cette tâche.

Je remercie avec véhémence mes enfants Vickee, Klhloe, Rose V. et Bobb RJ, qui intentionnellement m'ont accordé le temps et l'espace pour commencer et finir ce livre.
Je remercie aussi ma mere Anne Lambert et ma bonne amie Naomie Brilus

Je veux remercier de façon particulière Me. Donat « Dodo » Elie Pierre ; il a investi plusieurs de ses heures pour essayer de faire sens de ce qui est écrit dans ce livre.

Je tiens aussi à remercier Me. Willy Marcelin pour son dévouement à la promotion de cet ouvrage.

« Bobb, se yon gwo travay wap fè la » sont les mots de Garbens Jean concernant la portée potentielle de ce livre. Je te remercie bien Garbens.

Des mercis spéciaux à ma mère Marie Anne Lambert et mes sœurs Kèkèt, Julia, Rose, Valérie, Elizabeth, Marquise, Sherly et Rodanne qui malgré tout restent fières de moi.

PREFACE

J e suis convaincu que les politiciens haitiens et les membres de la loi et de l'ordre public violent la constitution haïtienne parce qu'ils n'ont pas pris connaissance de la substance réelle de ce document vivant. Je suis en outre convaincu que, nous le peuple, ne réagissons pas contre la violation constante de la constitution à cause de notre carence en éducation civique et de notre immaturité politique.

En fait, si le peuple savait que les articles 19 à 23 qualifient de crime de haute trahison toute violation de la constitution, il se porterait en dictateur pour s'assurer du respect de ce document.

J'ai choisi donc d'écrire cet ouvrage pour éveiller la curiosité intellectuelle de chaque citoyen haïtien indépendamment du côté de la loi où il se trouve. Spécifiquement, à travers cet ouvrage, je projette de la lumière sur la zone d'ombre qui existe au niveau de la pratique constitutionnelle en Haïti. J'ai écrit cet ouvrage pour réduire les problèmes d'interprétation qui atrophient le développement intellectuel de l'Haïtien, qu'il soit né en Haïti, qu'il soit naturalisé ou qu'il vit à l'étranger, tout simplement. J'ai écrit cet ouvrage pour combattre les difficultés d'application qui nuisent au progrès de notre chère démocratie.

Puisque cette constitution est appelée à régir la forme politique même de ceux qui ne l'ont pas voté et puisqu'elle va continuer à régir encore les formes politiques des futures générations de notre pays, cet ouvrage se propose d'aller au-delà d'une simple explication de ses articles. Il plonge dans la profondeur de l'esprit des concepts de souveraineté, de justice sociale, de la séparation des pouvoirs, de la liberté de la presse et plus particulièrement dans les concepts de droits inhérents, inviolables et imprescriptibles au citoyen haïtien, isolément de son affiliation politique ou de son affinité religieuse.

Cet ouvrage est un cours de civisme qui enseigne, incite et encourage chaque citoyen à se mobiliser socialement et politiquement, afin de protéger les valeurs morales qui ont fait du peuple haïtien, la première république noire.

Cet ouvrage est cet outil indispensable que nous le peuple, allons utiliser pour finalement déclencher la révolution mentale qui va fortifier le pays vers la préservation des acquis de 1804. Cet ouvrage est cette boussole que, nous le peuple, allons enfin brandir pour gagner et occuper à nouveau notre place au concert des grandes nations libres, fortes, capables, démocratiques et souveraines.

AVANT-PROPOS

Dans un pays où règne la démocratie, la presse se comporte généralement comme un contre-pouvoir. Ce qui veut dire que la presse devrait être l'arme redoutable des politiciens. Avec la presse comme boussole, avec la presse comme la voix de la raison ; les politiciens sont forcés à faire ce qui est juste. Car la presse les place sous un microscope pour détecter la moindre de leurs bévues, elle contrôle en quelque sorte les actions de nos décideurs politiques.

Dans un pays où règne la démocratie, les criminels sont jugés et le parlement joue le rôle de poids et de contrepoids pour protéger les constituants des abus et des dérives sociales du gouvernement.

Dans un pays où règne la démocratie, l'Exécutif n'accumule pas tous les pouvoirs de la République. L'Exécutif n'empiète pas sur les pouvoirs Législatif et Judiciaire en banalisant les principes de la séparation des pouvoirs, pour répéter Montesquieu. Dans un pays où règne la démocratie, les trois pouvoirs, quoiqu'indépendants, travaillent en harmonie pour réaliser la vision nationale.

Dans un pays où règne la démocratie, le Législatif n'attend pas ses règles d'engagement de la Présidence. Considérant qu'un pays ne saurait exister sans des lois, tandis qu'un pays peut exister sans un Président. Les parlementaires ont la tâche primordiale de tisser la stratégie sociopolitique du pays à travers l'élaboration et la promulgation de textes de lois.

Dans un pays où règne la démocratie, nul n'est au-dessus de la loi et nul n'est censé ignorer la loi. Dans un pays où règne la démocratie, les juges et la police nationale n'attendent pas la dictée de l'Exécutif pour conduire par devant les Cours et Tribunaux, les riches et les hauts- fonctionnaires de l'Etat qui déjouent la justice.

Dans un pays où règne la démocratie, le pouvoir judiciaire performe admirablement, les procédures judiciaires sont bien étalées et la corruption gouvernementale est surveillée et détectée pour être dénoncée et corrigée. Dans un pays où règne la démocratie, les juges sont à l'abri des représailles gouvernementales.

Dans un pays où règne la démocratie, la loi existe pour dissuader les criminels ou le trafic illicite de la drogue. Dans un pays où règne la démocratie, la constitution, la loi et les décrets s'appliquent à tous ; qu'ils soient simples citoyens, civils, riches, pauvres, ou membres du gouvernement.

Dans un pays où règne la démocratie, le système d'incarcération réhabilite le criminel pour qu'il puisse réintégrer la société comme un contribuable au lieu d'être un fardeau a la charge de la société.

Dans un pays où règne la démocratie, le système d'incarcération est respecté pour séparer les prisonniers en vertu de leur sexe, en vertu des catégories de crimes et de leur statut juridique (séparation du prisonnier mineur du prisonnier majeur, séparation du prisonnier de sexe différents et séparation des prisonniers pénaux des prisonniers civils.)

Dans un pays où règne la démocratie, la décentralisation des pouvoirs ou la distribution des pouvoirs jusqu'aux sections communales les plus vulnérables de la République devrait être une norme au lieu d'être une exception. Dans un pays où règne la démocratie, la déconcentration des services publics est une nécessité pour favoriser le développement durable des collectivités territoriales.

Dans un pays où règne la démocratie, le droit de chaque citoyen est respecté et l'Etat qui viole les droits fondamentaux de ses citoyens est puni en conformité avec la loi-mère de ce pays ainsi que la Déclaration Universelle des Droits de l'Homme.

Dans un pays où règne la démocratie, il n'y a pas d'exclusion politique ; tous les individus participent à la vie politique pourvu qu'ils remplissent les conditions stipulées par la constitution et la loi de la nation.

Dans un pays où règne la démocratie, l'économie est l'affaire du gouvernement. Le gouvernement s'assure que l'importation des produits de premières nécessités ne décote pas la monnaie nationale et n'atrophie pas la production nationale.

Dans un pays où règne la démocratie, l'Etat prend en charge l'éducation et la santé pour s'assurer que des écoles et des centres de santé soient répartis équitablement à travers le pays tout en favorisant l'accès et la continuité dans ces domaines.

Dans un pays où règne la démocratie, les droits fondamentaux de tous sont respectés aux mêmes niveaux. La loi ne discrimine pas contre un groupe d'individus selon leur orientation sexuelle, leur courant politique, leur appartenance religieuse ou leur niveau d'éducation.

Dans un pays où règne la démocratie, il ne suffit pas pour que le peuple ait des droits et des obligations ; l'Etat intervient stratégiquement pour que les citoyens exercent leurs droits et leurs devoirs en toute quiétude, pourvu que l'exercice de leurs droits et de leurs devoirs soit déchargé en pleine conformité avec la loi.

Dans un pays où règne la démocratie, les cloisons sociales entre les riches et les pauvres, entre les noirs et les mulâtres n'existent pas. Des opportunités pour la mobilité verticale sont garanties à tous.

Je ne suis pas un expert en droit constitutionnel, mais je suis donné la tâche difficile d'exposer la lettre, l'esprit, et l'intention de la Constitution Haïtienne de 1987, agrémentée en 2012. Ce fut une tâche très difficile, mais le travail est remarquable.

Après avoir lu ce premier volume, je vous assure que vous serez plus qu'éduqués que jamais et vous commencerez déjà à réclamer et faire valoir

vos connaissances en droit constitutionnel pour vous décharger diligemment de vos obligations envers votre communauté et votre pays.

La Constitution Haïtienne de ~~1987~~ 2012 Expliquée.

L e 29 Mars 1987, nous, le peuple Haïtien, avons voté la constitution haïtienne pour doter le pays d'une démocratie basée sur la diversité politique, la justice sociale, la séparation des pouvoirs et l'affirmation des droits fondamentaux de chaque citoyen.

29 mars 1987 – 29 Mars 2017 ; 30 ans d'existence de la constitution haïtienne sous l'égide d'une démocratie participative, d'une protection effective de droits humains et d'une défense réelle de la souveraineté nationale.

29 mars 1987 – 29 Mars 2017 ; 30 ans après, sommes-nous capables de découvrir et de déceler les susceptibilités de cette dite constitution ? 29 mars 1987 – 29 Mars 2017 ; 30 ans après, pouvons-nous affirmer, sans peur d'être démentis, que nous le peuple, les politiciens et le gouvernement, avons tenu les promesses de cette constitution ?

Pour nous aider à mieux comprendre et mieux cerner, en termes de substance, la réalité de ce texte, Bobb Rousseau, Avocat, Leader et Gestionnaire en la Technologie de l'Information et en Sciences Humaines, et Docteur en Politique et Administration Publique, se propose de décortiquer la fragilité de chaque article, dévoiler les vérités cachées de chaque chapitre, dénoncer l'immaturité de l'Etat et mettre à nu la vulnérabilité de la politicologie haïtienne à travers son ouvrage titré « La Constitution Haïtienne de 1987 2012 expliquée. »

Bonne délectation à toutes et à tous !

Willy MARCELIN

Avocat

Communicateur

Sociologue

Table des Matières

DE LA DEFINITION DE LA CONSTITUTION

L e terme constitution vient du mot latin «constitutio » qui signifie règlements. La constitution est composée d'un ensemble de principes fondamentaux ou de précédents établis
(Messe, 2009). Cet ensemble de principes fondamentaux ou
de précédents établis détermine la structure démocratique
d'une nation libre, indépendante et souveraine.

Gerkrath (2009) balance qu'une constitution régit les relations entre
un peuple et son gouvernement. Elle est un document selon lequel un
Etat reconnait un autre Etat. Elle proclame la souveraineté d'un pays et
renforce les principes pour aboutir à un état de droit. Elle est à un pays ce
que la Bible est au Christianisme.

Un peuple libre, souverain, et indépendant ne peut pas exister sans
une constitution.

Selon l'intention des théoriciens démocratiques tels que Jean-Jacques
Rousseau, Thomas Hobbes, Montesquieu, et John Locke, une constitution doit être stable, adaptable, et démocratique pour mieux représenter

et régir la génération qui l'a voté et pour continuer à représenter même les générations qui ne l'ont pas voté. Elle représente un document vivant qui peut être amendé à n'importe quel moment pour refléter l'élan sociopolitique actuel. Elle est adaptée à la réalité sociopolitique du pays. Elle constitue le symbole le plus pure de démocratie et de souveraineté sans laquelle un pays démocratique ne peut fonctionner.

La majorité des constitutions est codifiée ; c'est-à-dire qu'elles sont écrites en un seul document pendant que d'autres sont non-codifiées ; c'est-à-dire qu'elles sont écrites en plusieurs documents (Mendiri, 2016). Les constitutions du Canada, des Etats-Unis d'Amérique, de la Nouvelle-Zélande, de l'Israël, du Royaume Uni, et de l'Arabie Saoudite sont non-codifiées tandis que celles de la France, du Brésil, de Cuba et d'Haïti sont codifiées.

Tout peuple libre à droit à une constitution et en fait toute société démocratique est régie par une constitution. Toute constitution prône la sureté de l'Etat et la démocratie à travers la protection du territoire et le respect des droits des citoyens.

Les Etats-Unis d'Amérique ont la constitution la plus ancienne du monde. La constitution américaine a été officiellement écrite en 1787 quoiqu'en 1639, la Colonie de Connecticut (l'une des 13 colonies originales des Etats-Unis d'Amérique) ait adopté les Ordres Fondamentaux qui ont servi de prélude pour l'émanation et l'adoption de constitutions futures (McGlothlin, 2014). Jusqu'à aujourd'hui, la Constitution Américaine de 1787 continue de représenter et d'incarner les aspirations et les valeurs démocratiques du gouvernement américain. Elle s'applique à tous les Américains et à tous les immigrants outre leur sexe, leur credo politique, leurs croyances religieuses ou leur statut économique.

La constitution de l'Inde est la plus longue constitution qui existe aujourd'hui. Elle contient 22 parties, 444 articles, 12 annexes, 118 amendements et un total de 146,385 mots. La constitution la plus courte du monde est celle de la Principauté de Monaco écrite en 10 chapitres avec

97 articles pour un total de 3,814 mots. Après le Vatican en Italie, la Principauté de Monaco, située dans les bordes de la France, est l'Etat indépendant le plus petit au monde.

Une constitution reflète la réalité politique d'une nation. Elle est un guide pour vivre dans le présent et une projection sur l'avenir sociopolitique de cette nation (Gerkath, 2009).

Haïti, notre pays, a une histoire très longue de constitutions. Haïti est l'un des pays qui a voté beaucoup plus de constitutions. Sans compter l'amendement de 2012, de 1801 à 1987, Haïti a voté et adopté 23 constitutions.

La constitution haïtienne de 1987 s'impose comme une rupture avec le régime dictatorial des Duvalier. Les politiques qui l'ont écrite, voulaient établir un gouvernement qui serait basé sur l'égalité de tous, sans tenir compte de la différence des sexes et tout en laissant des flexibilités pour des changements au fil du temps à venir.

La constitution de 1987 a exclu un groupe de politiciens pendant qu'elle a ouvert des portes politiques à un nouveau système de gouvernement. Le plus grand résultat de la constitution c'est que, contrairement aux premières, après avoir été écrite elle fut soumise au vote du peuple, par referendum, pour permettre la participation de la population.

La constitution haïtienne est divisée en 15 Titres. Chaque Titre est divisé en Chapitres. Chaque Chapitre est divisé en Sections. Les Sections sont divisées en Articles. Y compris ceux qui sont abrogés, la constitution en vigueur est composée de 298 articles.

Toute violation de la constitution en tout ou en partie est qualifiée de crimes de hautes trahisons sévèrement punis par la constitution elle-même et par les lois haïtiennes.

DE L'APPLICATION DE LA CONSTITUTION

E n Haïti, la démocratie qui s'achève avec une presse indépendante, une séparation des trois pouvoirs, une autonomie des institutions, la distribution équitable de la justice, une décentralisation, une déconcentration, une dépolitisation de la police nationale, et du respect des droits fondamentaux constituent une pure utopie.

Est-ce une utopie, que le gouvernement prend le peuple pour des immatures, des imbéciles, des illettrés ? Est-ce une utopie, que le peuple manque le courage pour réclamer ce qu'il mérite ? Est-ce une utopie, que le gouvernement et les institutions du pays ne travaillent pas ensemble pour réaliser les vœux du préambule de la constitution ? Peut-on conserver les acquis de 1804 ? Peut-on s'acheminer vers la voie de la démocratie pour aboutir à un Etat fort et souverain ?

Oui, on le peut. Il faudra commencer par une compréhension véhémente et rigide des prescrits de la constitution. Cette connaissance une fois acquise, on saurait les obligations de l'Etat envers la collectivité et les obligations de la collectivité envers l'Etat.

Voyez !!!, la démocratie est possible avec une cohésion nationale.

La destinée du pays doit être remise entre les mains de ceux qui veulent travailler pour un bonheur basé sur le respect des droits humains, la promotion de la justice sociale, la diminution des inégalités sociales, la distribution équitable des ressources du pays et la non-dépendance de l'Haïtien vis-à-vis de l'Etat et de l'Etat vis-à-vis des aides internationales.

L'heure est à la sensibilisation et à la conscientisation des masses pour qu'à l'unisson nous convergeons nos dignités et notre fougue patriotique vers l'exubérance totale de l'haitianitude et de l'haitiennité.

DU PREAMBULE

Le préambule est un texte servant d'avant-propos pour proclamer solennellement les principes fondamentaux de l'organisation sociale ainsi que des droits et libertés des citoyens . Le préambule de notre constitution expose les motifs qui établient le contrat social entre la nation et le gouvernement. Selon Messe (2009), le préambule introduit les concepts de démocratie, de droits fondamentaux, de droits humains, de traités internationaux, et de souveraineté qui définissent la population.

A travers le préambule, le peuple haïtien proclame la constitution de 1987 pour assurer le droit à la vie, le droit à la liberté, et l'ultime garantie que des opportunités de succès soient garanties et disponibles à chaque citoyen. Les opportunités doivent être les mêmes pour tous, ce, pour garantir une distribution équitable et juste de toutes les ressources du pays. Lorsqu'on parle d'une distribution équitable et juste des ressources du pays, on se réfère tout bonnement au concept de justice sociale, de décentralisation des pouvoirs et de déconcentration des services publics que plus tard nous en parlerons avec beaucoup plus d'ardeur.

Le préambule de la constitution est basé sur l'esprit de l'Acte de l'Independence de 1804 et la Déclaration Universelle des Droits de l'Homme de 1948. Le préambule donne vigueur et énergie et au gouvernement et au peuple pour travailler harmonieusement à la constitution d'une nation qui sera pour toujours indépendante socialement, économiquement et politiquement.

A travers ce préambule, les Haïtiens sont déterminés à protéger et à défendre la souveraineté nationale ---- concept un peu controversé dans l'opinion publique -- dont la tâche de le définir sera réaliser plus loin. Après le vote de cette constitution, le peuple haïtien croit fermement que l'Etat doit avoir la capacité de devenir un Etat fort et stable. C'est à-dire, un Etat capable de protéger les valeurs morales et sociales, de conserver les traditions, et de protéger l'indépendance et la vision nationale. En peu de mots, les Haïtiens jurent de conserver les acquis de 1804 en votant la constitution du 29 mars 1987.

Je vous laisse, chers lecteurs, le soin de décider pour vous-mêmes si vraiment les haïtiens œuvrent dans le sens de conserver ces valeurs qui ont fait d'eux la première république noire. Ces valeurs qui, à travers le sacrifice des braves Aïeux, ont conduit à l'obtention de l'indépendance.

A travers ce même préambule, les Haïtiens jurent d'implanter ou de planter la démocratie en Haïti. Cette démocratie sera basée sur la diversité politique, l'inclusion de tous dans la vie sociopolitique du pays et l'alternance politique. Cette démocratie sera implantée pour affirmer les droits inhérents et inviolables de chaque Haïtien.

A travers ce même préambule, le peuple haïtien jure d'éliminer toutes barrières qui conduisent vers des discriminations entre les populations urbaines et les populations rurales. Ces discriminations seront éliminées par l'acceptation de cultures et de langues communes.

Langues dans notre préambule est écrite au pluriel ; ce qui semble vouloir dire qu'Haïti est ouverte à plus qu'une langue commune.

La culture et les langues communes entrent en évidence par la reconnaissance des droits fondamentaux et des obligations du citoyen ; un concept que j'aurai à expliquer davantage.

La nation haïtienne en outre vote la constitution de 1987 pour assurer la séparation harmonieuse des trois pouvoirs de l'Etat et la disposition de ces trois pouvoirs au service des intérêts et des priorités de la nation. La séparation des trois pouvoirs du gouvernement est basée sur les libertés fondamentales et le respect des droits de chaque haïtien, l'égalité économique, la justice sociale, la mobilisation et la participation politique dans la prise de grandes décisions qui affecteront la vie nationale à travers la décentralisation des pouvoirs de l'Etat et la déconcentration des services de l'Etat jusqu'aux localités les plus éloignées de la capitale. Les trois pouvoirs de l'Etat sont l'Exécutif qui est dirigé par le Président, le Législatif qui est divisé en deux chambres ; la Chambre des Députés et le Sénat et le Judiciaire décoré par les Juges et les Tribunaux. Réunis ensemble, la Chambre des Députés et le Sénat donnent l'Assemblée Nationale. Quand les Sénateurs assument des fonctions de Juges ; le Sénat forme la Haute Cour de Justice ; d'autres concepts dont je vous en ferai, soigneusement, part.

Des Promesses de la Constitution Haïtienne

Le vœu de la Constitution Haïtienne est de favoriser un travail commun entre deux protagonistes majeurs de notre société : le peuple et le gouvernement. A la surprise de tous, au lieu de semer l'harmonie et l'unité au sein de la nation, nous utilisons constamment notre position politique pour blâmer nos gouvernements et la communauté internationale pour les problèmes que nous confrontons. Il nous est difficile de nous rappeler la dernière fois que nous avions travaillé ensemble au respect des principes

fondamentaux de droits humains. Mais, combien il serait facile de se souvenir de nos dernières actions pour le désassemblage des institutions du
pays.

Chaque politicien veut avoir son propre parti politique, et chaque ad-
hérent à un parti quelconque veut opérer sa propre plateforme et de ce
fait s'insurgent la panique et la confusion au sein du parti et sur l'ensemble
du territoire. Nous devons être fanatiques de la diversité politique qui garantit la démocratie et le respect des principes d'unités et de justice sociale.
Nous devons être contre la diversité politique qui engage les Haïtiens dans
une guerre idéologique égoïstes au lieu de prôner des idées de développement durable et de changements sociaux. Nous devons être contre la diversité qui laisse libre court à l'immixtion des étrangers dans nos affaires
internes et qui mettent au-devant les intérêts des politiciens face aux besoins de la population. Nous devons cautionner la diversité qui génère la
réussite des transitions gouvernementales et l'alternance des pouvoirs démocratiques à travers des élections. Dans un pays sérieux, les élections ne
doivent pas avoir des qualificatifs ou des épithètes.

Que tous les Haïtiens jouissent de l'accès à la santé et à toutes les
ressources du pays, constituent l'un des droits des plus élémentaires pro-
mis et garantis par les préceptes fondamentaux de la démocratie.

Les citoyens haïtiens, doivent bénéficier de ces opportunités, puisque
la constitution du pays les garantit en enjoignant aux autorités de l'Etat
des mécanismes de développement et d'exécution des activités offrant à
tous la capacité de poursuivre le bonheur. En effet, nous retrouvons ins-
crits dans le préambule de la Constitution de 1987 ces principes démocratiques. Lesquels principes sont établis pour définir les rôles de l'Etat aussi
bien que pour renforcer l'engagement entre les élus et le peuple.

Le premier principe démocratique consacre la souveraineté qui entend
que tous pouvoirs viennent du peuple et que tous les gouvernements reçoivent leurs pouvoirs du peuple. Pour dire autrement, la nation est
l'unique source des pouvoirs gouvernementaux.

Le deuxième principe propose que les gouvernements ne grandissent pas trop forts et trop puissants. Ces gouvernements peuvent diriger seulement selon les aspirations du peuple ; ce qui est appelé « gouvernance limité » basé sur le concept de constitutionnalisme. Le gouvernement ne peut pas décider sans le consentement des constituants. Toutes décisions doivent être approuvées directement par le peuple ou à travers des institutions où siègent les représentants du peuple. Le gouvernement ne transcende pas la loi, comme entité légale, il est lié à la constitution pour établir et maintenir la loi. C'est à travers la gouvernance limitée que le troisième principe de la démocratie préconise la séparation des pouvoirs en trois branches distinctes ; une séparation qui n'est pas pour restreindre ou limiter les pouvoirs du gouvernement, mais pour mieux les coordonner afin qu'ils travaillent ensemble pour protéger la nation contre toutes tentatives de violations de droits humains et tout attentat contre la sureté de l'Etat.

La séparation des pouvoirs conduit au quatrième principe « Poids et Contrepoids » qui définit un système responsable monté pour parer aux décisions arbitraires et pour assurer un équilibre entre les trois pouvoirs.

Les cinquième et sixième principes sont la justice sociale et la décentralisation des pouvoirs pour justifier que la Constitution reconnait que le peuple ait les ressources nécessaires pour travailler à son autosuffisance et parvenir à son indépendance vis-à-vis de l'Etat. La Constitution reconnait aussi l'établissement d'un « gouvernement central » des collectivités territoriales attachées à l'administration publique.

Si les principes visent au prime abord l'amélioration économique et sociopolitique du peuple, ce peuple pour autant ne participe presque pas dans la politique, au projet social ou dans les ressources économiques du pays. La grande raison qui s'impose est que le peuple ne détient pas d'une adéquate maturité politique pour son développement professionnel et son épanouissement personnel. Nous le peuple, possédons l'autorité constitutionnelle pour réclamer que nos élus officiels soient politiquement, fiscalement et socialement responsables de l'avancement du pays et du progrès de chaque Haïtien en particulier.

Du Consentement Populaire

Aussi vrai qu'elle est constamment et intentionnellement violée par ses citoyens, la constitution haïtienne reste une marque de révérence pour tous les Haitiens et un empreinte d'admiration pour les autres nations. La constitution haïtienne est le document intellectuel le plus ingénieux qui n'ait jamais pu sortir de l'esprit ou du cerveau de l'Haïtien. La constitution délimite la structure du gouvernement et les règles de son fonctionnement, conformément à la croyance de liberté humaine proclamée dans l'Acte de l'Indépendance d'Haïti et la Déclaration Universelle des Droits de l'Homme.

La force de la constitution dérive de son adoption de l'Acte de l'Indépendance d'Haïti et celle de la Déclaration Universelle des Droits de l'Homme ; deux actes basés sur la philosophie que le gouvernement haïtien ne peut exister et agir sans le consentement du peuple. Ces deux actes définissent les conditions pour le respect et l'exercice des droits fondamentaux des citoyens puisque ces droits viennent du Créateur de l'univers.

La constitution n'est pas un simple pacte qui existe juste pour le bon plaisir des citoyens, mais pour encadrer le peuple, établir les règles d'engagement entre l'Etat et le peuple et pour contribuer au sentiment d'une communauté politique. Elle existe aussi pour qu'elle soit comprise par tous en vue de souder tous les Haitiens ensemble à tous les niveaux de la République. Elle est écrite pour ne pas être négligée mais pour initier des discussions publiques autour de la démocratie et de la souveraineté nationale.

Du Préambule de la Constitution

La constitution est écrite pour distribuer les pouvoir de la République horizontalement parmi les trois branches distinctes du gouvernement central avec l'objectif d'établir une structure de gouvernement assez forte pour assurer le future et la prospérité du pays. La constitution haïtienne est le produit des crises qui sévissaient dans le pays après 1986, principalement quand la démocratie et la souveraineté haïtiennes étaient en danger. Les leaders haitiens ont compris la gravité du risque et ont bâti le momentum pour inviter le peuple à venir délibérer sur une nouvelle stratégie pour attaquer ce danger. La constitution haïtienne donne au gouvernement les pouvoirs d'agir avec respect, dignité, sagesse et responsabilité.

La constitution haïtienne est imprégnée du thème qui reconnait que l'autorité ultime d'un gouvernement légitime dépend du consentement de son peuple. Le consentement est le symbolisme d'un gouvernement légitime au sens que la démocratie n'existe que lorsque les gouvernés participent ou sont invités à participer dans la prise des décisions du pays. Tous les pouvoirs politiques qui ne découlent pas du consentement des gouvernés sont, par les lois de la nature, illégitimes et injustes (Messe, 2009).

Le consentement génère l'autonomie du peuple dans leurs communautés, dans leurs religions et dans leurs institutions sociales. Le gouvernement ne peut y intervenir ou s'immiscer qu'avec le consentement du peuple. Avec le consentement, le peuple s'autogère pendant qu'il donne au gouvernement l'autorité de le diriger aussi. L'autorité du gouvernement de gouverner la nation et du coup se gouverner lui-même, est une mesure de précautions nécessaires envisagée par la constitution en vue d'établir un équilibre entre les actions du peuple et celles du gouvernement.

La constitution établie les conditions pour que le peuple se gouverne par ses propres valeurs morales et sociales. Le gouvernement populaire est une structure qui repose non seulement sur le consentement des gouvernés, mais aussi sur une disposition par laquelle les opinions du peuple, celles des associations civiques et des partis politiques sont exprimées et traduites librement, sous réserves, bien entendu, des limites fixées par la Constitution. C'est ce consensus sur les principes fondamentaux qui unit les individus en une communauté de citoyens. Et c'est la liberté de déterminer la moralité d'une communauté qui est une partie importante de la liberté individuelle protégée par la Constitution.

La Constitution est la loi la plus fondamentale de la nation. Elle est la loi suprême de territoire national. Elle doit être comprise comme étant la loi qui est placée au-dessus de toutes autres lois. Elle donne naissance à d'autres lois. En tant que loi mère et loi fondamentale ; elle représente la volonté du peuple et elle protège ce peuple contre les actions du gouvernement. En fin de compte, le succès et la viabilité de la république dépendent de la fidélité, de l'interprétation et de la compréhension de la constitution comme charte des droits fondamentaux inhérents, inviolables, et imprescriptibles des citoyens.

De la Justice Sociale

La justice sociale en Haïti a été toujours un cri de ralliement à l'action, mais les stratégies pour prendre ces actions ont été toujours ambigües. Il serait concevable qu'à cause de ce globe d'incertitudes économiques et de volatilités politiques, la justice sociale serait aux réticules de tous les débats politiques du gouvernement et de tous les colloques socio-économiques de la société civile. Il serait compréhensible qu'en raison de la fluidité de la conjoncture sociopolitique, la justice sociale serait l'épine dorsale de toute politique gouvernementale. Tristement, les gouvernements défilent en parades, mais le peuple, le grand peuple, sans fanfare et sans phare, qui a vendu les élections au plus offrant, n'a jamais été facilité de la moindre l'intégration individuelle ni d'un accent d'interaction avec les institutions de la communauté.

La justice sociale, bien comprise, est la distribution égale et équitable des ressources du pays aux différents secteurs de la république. Elle est un système d'aménagement complet où la gouvernance locale est responsabilisée pour prendre des décisions visant à la gestion et l'administration de son entité administrative sans grande intervention de l'Etat ou du Gouvernement Central (Adams, Novak, & Shaw, 2015). Elle est établie, non pas pour satisfaire les intérêts de l'État ou pour servir d'instruments de campagnes électorales, mais pour donner à tous les opportunités pour poursuivre le bonheur personnel ou le développement professionnel.

Quand la justice sociale sert les intérêts de l'Etat et non ceux du peuple, elle est transformée en injustice sociale où les droits fondamentaux des individus sont violés et où les individus sont dérobés de toutes opportunités qui leurs alloueraient une certaine autonomie vis-à-vis de l'Etat.

La justice sociale est pratiquée à travers la reconstruction de la société civile. La justice sociale exige la maturité de la participation individuelle et communautaire et l'engagement des institutions sociales, politiques et économiques qui soutiennent une société libre. L'application de ces stratégies permet à l'Etat d'atteindre les idéaux de liberté et de justice pour tous.

La justice sociale transforme les conditions de vie des couches sociales les plus vulnérables. Elle couvre aussi les conditions de ceux qi sont dans le besoin en leur offrant la liberté et la capacité de travailler, de gagner, et d'économiser pour se relever. Elle crée une société juste. Le gouvernement joue un rôle important dans l'établissement de cette société juste, mais il requiert aussi l'aide de l'individu, des communes, des collectivités territoriales et de toutes les organisations locales telles que les églises, les péristyles, les loges, les mosquées, les écoles, les associations, les ONG, etc. ; responsabilisés par le gouvernement pour administrer eux-mêmes les programmes sociaux.

En peu de mots, la justice sociale est l'acte du gouvernement de transformer ses bonnes intentions en actions afin de produire des effets positifs dans les cœurs et dans les esprits de ces citoyens. Le changement social que produit la justice sociale est donc la confiance du citoyen en son gouvernement à travers la fierté et la dignité.

De la Route Vers la Démocratie

Tous candidats assurent qu'ils vont travailler pour que Haïti devienne une nation où tous les Haïtiens vont apprécier des libertés civiles. Ils épatent avec leurs discours sur leurs axes prioritaires pour le développement durable de la nation.

Aujourd'hui encore ; l'avenir du processus de démocratisation du pays est si sombre qu'on se demande si nos leaders ont la moindre indication de ce qu'ils veulent vraiment pour le pays.

Haïti est encore loin de la démocratie, mais elle est plus proche de devenir un régime autoritaire. Un pays qui continue à résister à tous changements démocratiques nécessaires et, qui reste réticent à appliquer des tendances de transformations durables pour restaurer la confiance du peuple en l'Etat et instaurer un état de droit.

De la dissolution du Parlement à la persistance du gouvernement de s'interférer dans la vérification et l'évaluation des résultats contestés des élections du 25 Octobre 2015 ; le droit d'expression de la nation est maintenu en otage. De la carte blanche donnée à la MINUSTAH jusqu'à la politisation de la police nationale et du système judiciaire ; la nation perd le compte des crimes non-investigués, la persistance de la détention préventive prolongée, l'augmentation de la corruption et des criminels qui sont relâchés par des juges qui se soucient plus à servir le gouvernement que de servir la nation.

De la promotion de la politique partisane, de l'embauchage des amis à la tête des institutions du pays jusqu'à l'avilissement de la femme; la production nationale se dégrade, la pauvreté chronique s'installe et la gourde retourne à sa valeur « zorèy bourik. De la déchéance de l'environnement jusqu'à la dégradation de l'éducation ; la jeunesse est laissée sans voix et sans direction et sans avenir de se sortir de ce labyrinthe.

Et malgré tout, l'Haïtien, toujours perdant, ne renonce jamais à son intention de vœux de révolution pour une Haïti meilleure.

Il revient donc à l'opposition et au gouvernement de commencer le dialogue du nouveau contrat social pour regagner la confiance du public et pour éviter une révolution totale. Tout d'abord, la présidence doit abandonner sa notion de « résilience autoritaire » pour embrasser une transition démocratique systématique avec des mesures audacieuses susceptibles de promouvoir l'indépendance judiciaire et créer une ouverture progressive pour, à nouveau, sensibiliser et conscientiser la nation tout entière.

Des Trois Branches de Pouvoir de la République

La Constitution Haïtienne de 1987 apporte la preuve que les artisans de ce document entendaient créer une République basée sur une aspersion ou un accent de démocratie participative et non sur un système anarchique et despotique comme il l'a été avant 1987. Ils voulaient que les citoyens aient la responsabilité individuelle de choisir eux-mêmes ceux-là qui feront partie des trois pouvoirs de la République. Ils voulaient qu'à travers les trois branches du pouvoir ; le peuple soit représenté à tous les niveaux, c'est-à-dire, des sections communales jusqu'au Palais National.

Concernant les trois branches des pouvoirs de la République, la constitution haïtienne établie une unique délimitation d'autorités et de responsabilités tout en condamnant l'empiétement d'un pouvoir sur un autre. Chaque pouvoir a ses propres responsabilités et travaille en toute indépendance. La constitution veut quoiqu' indépendants et séparés, tous les pouvoirs soient égaux.

Toutefois il semble qu'en pratique, beaucoup plus d'autorités et de responsabilités sont léguées au Parlement, alors que peu de responsabilités engage le pouvoir judiciaire. Ce n'est pas sans raison que les juristes répètent incessamment que le pouvoir judiciaire est traité en parent pauvre.

Le gouvernement haïtien, pour des raisons pratiques, est composé d'une seule branche ; l'Exécutif ou la présidence moderne qui devient comme une centrifugeuse géante ; suçant l'oxygène du pouvoir législatif tout en atrophiant le fonctionnement des juges et des tribunaux. Une présidence moderne qui fait la loi et qui dirige par la prise de décrets exécutifs.

Le président accumule tant de pouvoirs, aujourd'hui en Haïti, qu'on observe une pyramide de pouvoirs au lieu d'une structure horizontale. Les parlementaires ont volontairement abandonné leurs responsabilités législatives et leur capacité à servir efficacement comme un contrôle sur l'exécutif. Dans cette structure pyramidale, ce sont les intérêts du Président et des partis politiques et non ceux du peuple qui sont représentés.

En se dépouillant de ressources suffisantes pour concurrencer l'exécutif, les parlementaires se dressent en ennemis du budget national pour devenir des cerfs, « restavek » du pouvoir du Président.

La « séparation des pouvoirs » d'aujourd'hui n'est plus entre les trois branches du gouvernement créées par la Constitution, mais entre, d'une part, une branche composée du Président et d'autre part, des partisans du Président au parlement et de leurs partisans mutuels juges et tribunaux qui ensemble travaillent à la pérennisation d'une oligarchie politique au détriment de la conscience populaire.

Les rédacteurs de la constitution de 1987 ont vu la nécessité d'un gouvernement qui protègerait les faibles contre les forts et un gouvernement qui ne grandirait pas de telle manière à encenser un Roi ou un tyran. D'où la naissance de divisions parfois frustrantes, mais néanmoins nécessaires, entre l'État et le gouvernement et entre les branches du gouvernement.

C'est le système décrit dans la constitution, mais ce n'est pas le système par lequel l'Haïti d'aujourd'hui opère. Aujourd'hui c'est une guerre persistante entre plusieurs partis politiques et entre le président et les parlementaires. Le président gagne toujours ; tout vraisemblablement.

DES EMBLEMES ET SYMBOLES

Je viens juste de dire qu'une constitution n'est pas une loi qu'on peut changer par convenance conjoncturelle, mais un document qui peut être amendé pour refléter les tendances de la société actuelle. J'ai dit que la démocratie implique l'existence d'institutions représentatives à tous les niveaux et notamment d'un Parlement, représentatif de toutes les composantes de la société et doté des pouvoirs ainsi que des moyens requis pour exprimer la volonté du peuple en légiférant et en contrôlant l'action du gouvernement

J'ai étalé en long et en large sur l'intention et la lettre du préambule de la Constitution C'était à travers ce préambule que la nation haïtienne a fortifié son unité nationale. C'était à travers ce préambule que le peuple haïtien a exprimé sa volonté de défendre sa souveraineté et de conserver ces valeurs morales et patriotiques qui ont fait de lui la première république noire du monde. Une première république noire qui a obtenu son

Indépendance par le sacrifice des Pères, héros. C'était à travers ce préambule que les Haïtiens allaient travailler pour assurer la séparation harmonieuse des trois pouvoirs de l'Etat et la disposition de ces trois pouvoirs au service des intérêts et des priorités de la nation.

Ce chapitre parle des symboles et des emblèmes de la République. Les symboles et les emblèmes de la République sont prescrits au Titre I, Chapitre I, articles 1 à 7 de la Constitution Haïtienne de 1987.

Selon le dictionnaire Oxford, le mot "symbole" vient du verbe latin "symballesthai qui en français signifie "mettre ensemble." Un symbole peut être un objet, il peut être une image qui est associée à une histoire. Il peut-être une marque ou son qui jouit d'une représentation abstraite. Tout seul, un symbole porte aucun sens, mais placé dans un contexte précis, lance un message clair, un message fort, et un message direct. Accompagné d'un message, le symbole projette une représentation distinctive.

Dans une perspective constitutionnaliste, le symbole et l'emblème sont des marques de reconnaissances légales qui représentent une nation. Chaque nation décide sur le symbole et l'emblème qu'elle veut adopter. Le symbole et l'emblème sont choisis suivant des normes culturelles, mais aussi suivant des normes ou des standards internationaux. De ce fait, tous pays amis, alliés ou ennemis ne prétendront ignorance sur la représentation symbolique et emblématique d'un pays libre.

En ce qui a trait à la constitution haïtienne de 1987, le symbole est une abstraction. Le symbole représente la bannière démocratique sous laquelle la nation veut vivre. Le symbole, en tant qu'attraction proclame qu'Haïti est une République indivisible, souveraine, coopératrice, libre, et démocratique. En tant qu'une République indivisible, souveraine, coopératrice, libre, et démocratique, Haïti a une capitale qui est Port-au-Prince. Port-au-Prince est aussi le siège du gouvernement et seules des circonstances majeures peuvent forcer ce gouvernement à s'installer dans une autre ville.

L'emblème est la matérialisation et reflète le côté objectif du symbole. Dans le cas de notre pays, le drapeau, est l'emblème de la République. Le drapeau est composé de deux couleurs égales en proportion et disposées horizontalement; le bleu en haut et le rouge en bas. Sur le drapeau, est aussi gravé les armes de la République qui sont un palmiste qui est surmonté du Bonnet de la Liberté et qui est couvert de l'ombre de ses palmes et un Trophée d'Armes avec l'écriteau légendaire : L'Union fait la force.

Je vous laisse chers amis le soin de décider pour vous-mêmes si le pays est uni pour devenir fort et stable comme le veut le préambule de la constitution.

Chaque pays a une devise et la nôtre c'est liberté, égalité, fraternité ; un slogan qui est inscrit sur tous les documents officiels de la nation.

Toujours se référant aux symboles et emblèmes de la République, le pays a deux langues officielles ; le Créole et le Français, mais les Haïtiens sont unis par le Créole quoique les débats au sein du parlement et les procès dans nos tribunaux sont effectués en Français. La gourde est la monnaie officielle du pays quoiqu'une majorité de transactions commerciales qui se passent en Haïti sont faites en dollars américains. Les grands commerçants préfèrent fixer leur prix en dollars parce que la gourde connait une dépréciation lamentable de nos jours. Par exemple, un magasin peut afficher un produit à 50USD pour toute l'année, mais le prix en gourde, qui n'est pas affiché, changera du jour en jour.

La constitution haïtienne interdit le culte de la personnalité. Le culte de la personnalité concerne les effigies, les noms, les photos et autres qui apparaitront sur des documents officiels ou des bâtiments qui font partie du patrimoine national. Une personne qui est encore en vie n'apparaitra pas sur la monnaie nationale.

La Dessalinienne devient l'Hymne Nationale d'Haïti en 1904. Elle fut écrite en 1903, 100 ans après l'indépendance d'Haïti, par Justin Lhérisson et composée par Nicolas Geffrard. La Dessalinienne est une chanson patriotique solennelle qui exprime l'identité nationale de la nation haïtienne. Elle évoque et fait l'éloge de l'histoire, des traditions et des luttes du peuple haïtien. Elle est écrite en Français, mais il y a une version créole qui a été écrite par Raymond A. Moise et chantée par Ansy Dérose. La constitution de 1987 et celle amendée en 2012 n'ont pas fait mention de la version créole.

Aucune rue, aucun port et aucune construction de l'Etat portera le nom d'une personne qui est en vie et le placement ou l'utilisation d'un nom d'un décédé doit être approuvé par la législature haïtienne. C'est pour cela que seulement les figures de nos aïeux sont placées sur notre monnaie officielle et seuls les noms de nos aïeux sont donnés à des Lycées, des écoles nationales, des ports, des aérogares et des aéroports. La constitution est jusqu'à présent muette sur le fait de donner des noms de personnalités étrangers à des édifices nationaux. Par exemple, on est en droit de se demander si c'est constitutionnel de nommer l'aéroport de la ville du Cap-Haitien "Aéroport Hugo Chavez."

Du Bicolore

Je suis le drapeau de la République d'Haïti
Je suis le sang et l'âme de tous les Haitiens
Je suis âgé de plus de 200 ans
Mon nom est Bleu et Rouge
Je flotte sur les plus grands bâtiments de mon pays
Je flotte sur les ministères
Je flotte dans les bureaux publics
Je flotte dans les églises
Je flotte dans les péristyles

Je décore les uniformes de mes policiers
Je m'enveloppe autours des chefs d'Etat
Je suis salué par présidents
Ministres, parlementaires, juges
Magistrats
Avant qu'ils rentrent en fonction

Levez vos têtes
Et vous me verrez toujours et beau
Dans, l'air je danse avec le vent
Dans l'air je valse avec les oiseaux
Pour que je conserve mon histoire
Ma tradition, ma valeur, ma culture, ma fierté
Mes enfants me vénèrent

Je suis aimé et respecte aujourd'hui plus
Que j'ai été aimé et respecté hier
J'étais né des luttes sanglantes
Contre l'esclavage et l'occupation
C'est pour cela que je suis confident
Arrogant, courageux, fort

Je représente le sang qui a coulé
Pour que je sois la première république noire
J'ai la plus histoire du monde
C'est un honneur pour moi
De représenter ce peuple si guerrier
Je représente la paix et l'harmonie
Je représente la liberté et l'honneur
Je représente la fierté et la résilience
Quand le son de ma dance résonne
Et quand mes enfants me hissent
La tête altière, je marche
Je suis reconnu de par le monde
Je flotte aux Etats-Unis d'Amérique
Je flotte en France,
Je flotte à St-Domingue
Je flotte au Brésil

Je flotte au Chili
Je flotte au Canada
Je flotte à Cuba
Je flotte aux Bahamas
Je flotte partout il y a un Haïtien

Assis prêt du soleil et de la lune
Caressant les pieds de Dieu et Jésus
Je regarde en silence la dégradation de mon pays
Je souffre en silence
Lorsque des blancs ont foule mon sol
Pour me réduire encore une fois en esclavage
Je souffre encore davantage lorsque je vois
Mes propres enfants rester inactifs
Pour s'être laissés piller et violer
Par la communauté internationale
Je souffre en silence
Lorsque je suis humilié par mes propres fils
J'ai vu présidents et gouvernements
Qui ne s'étaient jamais préoccupés
De protéger mon territoire, mes citoyens,
Ma souveraineté
A maintes reprises, j'ai été humilie
A maintes reprises, j'ai été piétiné
A maintes reprises, j'ai bafoue
A maintes reprises, j'ai été momifié
A maintes reprises, j'ai été zombifié
A maintes reprises, j'ai été sali
Et j'ai vu mon image de marque ternie
Par des étrangers

J'ai souffert…mais je n'ai pas crié
J'ai tenu la tête haute,
J'ai tenu l'âme fière
J'ai tenu mon respect résilient
Puisque depuis le jour de ma naissance
J'ai été cousu pour être invincible
Invulnérable, brave

Et de loin
De très très loin
Je vois quelques-uns de mes enfants
Cognant des pierres et même tentant l'impossible
Pour me rebâtir le visage
Parce qu'ils savent…parce qu'ils savent
Comme Ulysse, ils retournent à mes pieds
Pour finir le reste de leurs journées
Mes joies les plus immenses
Sont les moments
Ou je suis mis en berne
Pour honorer ou pour me souvenir
De ces grands personnages qui ont versé leur sang
Qui ont fait couler du sang
Qui ont sacrifie leur famille
Pour me donner la liberté
Je suis le bleu et rouge
Je suis Haïtien et je suis fier de l'être
Je suis le témoin silencieux des peines
Faites à mes enfants
Je regarde en silence l'ingérence internationale

Que pour toujours je flotte

Que pour toujours je sois le symbole

De la liberté, de la dignité, du respect, et d l'harmonie

Que Dieu dans sa sagesse infinie arme mes enfants

De constante sérénité, d'ultime courage et de motivation acharnée

Pour qu'ils puissent farouchement combattre

L'injustice, l'insécurité, et l'ingérence internationale

Je suis le Bleu et Rouge

Je suis le drapeau haïtien

Je suis Haïtien et je suis fier de l'être

De l'Humiliation du Drapeau par l'Allemagne

Lorsqu'on considère la honte, la déception, l'humiliation, l'embarras qu'Haïti ait connu le jour de l'Affaire Lüders en 1897, le peuple haïtien, peut clamer que l'Allemagne a une dette monétaire et morale envers Haïti.

Emile Lüders bat un soldat Haïtien, il a été condamné à 30 jours de prison, il a fait appel de la décision mais a quand même écopé d'un an d'emprisonnement le 14 octobre 1897. Trois jours après, l'Allemagne a demandé que la sentence soit annulée et que les juges et les policiers qui ont respectivement procédé à l'arrestation et au verdict soient révoqués. Les Etats-Unis d'Amérique sont intervenu pour appuyer la requête de l'Allemagne.

Tirésias Simon Sam pardonna Lüders qui a laissé le pays le 22 octobre. Pas trop satisfait de la suite de la situation parce que les juges et les policiers n'ont pas été mis en disponibilités ou révoqués, le 6 Décembre, l'Allemagne réclama du Gouvernement Haïtien la plus embarrassante demande diplomatique et politique qu'aucun pays ne devrait jamais accepter.

L'affaire Lüders, ce 6 Décembre 1897 a été un embrassement politique et diplomatique pour Haïti. Le Chargé d'Affaires de l'Allemagne, Count Schwerin, exigea que le gouvernement Haïtien accepte que Lüders, (né de mère Haïtienne et de père Allemand) retourne dans le pays et qu'une rançon de 20.000 Reichsmark (le Reichsmark fut remplacé par le Deutsche Mark en 1948, et le Deutsche Mark fut remplacé par l'Euro en 1999) soit versée à l'Allemagne. Le Gouvernement Allemand exigea en outre que le gouvernement Haïtien salue le drapeau allemand de 21 coups de canon et qu'une lettre d'excuse soit adressée au gouvernement allemand suivie par une cérémonie officielle en l'honneur du Chargé d'Affaires.

L'Allemagne dont les navires de guerre, Charlotte et le Stein, ont jeté encre sur les côtes d'Haïti bombarderait Haïti si le gouvernement haïtien n'accepte pas ces conditions dégradantes. Le Gouvernement Haïtien n'avait que quatre heures de temps pour s'exécuter. Un drapeau blanc serait hissé en haut du mât du palais national en signe d'acceptation.

La nation, quoique sans défense, était prête à lutter pour le respect, l'honneur, et la dignité de la patrie, mais le Président Tirésias Simon Sam, malgré l'opposition farouche de l'ambassadeur de la France en Haïti "Théodore Meyer" a accepté sans aucune résistance.

Malgré que le Gouvernement Haïtien a acquiescé aux exigences des dirigeants de l'Allemagne, le lendemain de cette affaire et après que les navires de guerre Charlotte et Stein ont quitté les côtes maritimes d'Haïti, le drapeau haïtien a été retrouvé sali, piétiné et tout baigné de matières fécales. L'affaire Lüders a prouvé que depuis longtemps les gouvernements haïtiens ont souvent manqué de courage pour défendre le pays et que les étrangers ont toujours traité le peuple haïtien en parent « Pitit san papa.»

L'Affaire Lüders demeure une honte pour le pays ; une honte internationale, une profanation pour le Drapeau Haïtien. C'est une preuve que les gouvernements haïtiens ont été, sont, et seront toujours, peut-être, des lâches quand il s'agit de protéger les intérêts de pays.

DU TERRITOIRE NATIONAL

L'Etat (le « E » quand il réfère à un pays ou une nation est écrit en lettre majuscule) est constitué de quatre éléments fondamentaux : une population, un territoire, un gouvernement et une souveraineté. Le principe d'existence d'un Etat est ainsi défini : Un groupe d'individus (population) décide de vivre ensemble sur un espace géographique fixe (territoire) pour former une communauté politique (gouvernement) à qui cette population donne l'autorité absolue et suprême (Souveraineté) pour établir des lois qui doivent protéger et garantir les droits fondamentaux et assurer la défense et la sécurité du territoire.

La notion Etat est consubstantielle à celle de peuple. Pour tous les Etats du monde, une population c'est l'élément le plus essentiel au sens qu'aucun Etat ne peut se concevoir sans le peuple. Un gouvernement est une machine indispensable à travers laquelle l'Etat maintient son existence, exerce ses fonctions et atteint ses objectifs politiques, sociaux et économiques. Un territoire est l'espace géographique sur lequel vit la population et la souveraineté distingue un Etat d'un autre Etat.

Souveraineté signifie l'autorité juridique et suprême au-delà de laquelle aucun autre pouvoir n'existe. C'est en vertu de la souveraineté qu'un Etat peut régir la population, détient une autorité absolue sur la population et exerce la liberté de protéger le territoire contre des invasions étrangères.

La constitution haïtienne définit la population haïtienne, marque les frontières du territoire national, établit un gouvernement formé de trois branches indépendantes : l'Exécutif, le Législatif et le Judiciaire, et chargé de protéger les valeurs, les traditions, la souveraineté, l'indépendance et la vision nationale.

Le territoire de la République est prescrit au Chapitre II, articles 8 et 9 de la constitution Haïtienne de 1987. Le territoire c'est ce qui constitue l'espace sous lequel la nation existe. Le territoire est fixé par des tenants et aboutissants qui respecte le territoire des pays voisins et est donc borné de l'Est à l'Ouest et du Nord au Sud.

Je vous prie chers amis de considérer votre propriété comme votre territoire et vos voisins comme les autres pays qui bornent votre propriété. Puisque vous vivez sur votre propriété de plein gré et de plein droit, laisserez-vous vos voisins venir s'installer sur votre territoire. N'est-ce pas pour cela que nous avons érigé de hautes clôtures pour empêcher les autres à venir nous ennuyer ?

Dans le cas d'Haïti, l'article 8 de la constitution de 1987 détermine les composantes du territoire Haïtien et ses limites. L'article 9 stipule que le territoire haïtien est divisé en 10 départements, 42 arrondissements, 140 communes dont 76 sont baignées par la mer situées principalement dans le Sud de la carte géographique du territoire national, et 570 sections communales.

Des Collectivités Territoriales

Pour l'aménagement effectif du territoire national, la loi haïtienne regroupe les divisions et subdivisions géographiques du pays trois catégories de collectivités territoriales qui sont les départements, les communes et les sections communales. Les arrondissements ne sont pas une catégorie de collectivités territoriales. Une collectivité territoriale est une structure administrative ayant, en vertu des attributions techniques et fiscales, la responsabilité de représenter et de défendre les intérêts de la population (Léon, 2017). Elles sont caractérisées par leur uniformité, leur dédoublement fonctionnel et leur compétence largement définie (Jean-Charles, 2002).

Les collectivités territoriales sont des démarcations géographiques, politiques et administratives du territoire national. Selon l'article 88 de la constitution, elles sont autonomes, mais elles restent attachées au pouvoir central en vertu du principe de la tutelle administrative. Quand je parle d'autonomie des collectivités territoriales, je me réfère tout bonnement au principe de la décentralisation des pouvoirs de l'Etat central et de la déconcentration des services publics jusqu'aux entités les plus éloignées de Port-au-Prince. En théorie, collectivités territoriales sont autonomes, mais en pratique, les concepts de décentralisation et de déconcentration ne sont que de pures utopies.

Comme j'ai mentionné plus haut, le territoire national est divisé en départements, arrondissements, communes et sections communales. Je n'ai pas mentionné les quartiers comme une entité administrative. Les quartiers ne sont pas des répartitions géographiques, légales ou constitutionnelles. En fait, nulle part dans la constitution, le mot quartier est mentionné.

Un département est la plus grande division administrative du pays. Il est composé de plusieurs subdivisions appelées arrondissements qui sont eux-mêmes divisés en communes. Les communes sont en outre composés de subdivisions appelées sections communales. Les sections communales sont les entités administratives ou les subdivisions administratives les plus petites du pays. Elles n'ont pas de subdivisions, mais elles sont composées de plusieurs localités ou habitations.

La quantité des sections communales varie de commune en commune. La quantité de communes varie d'arrondissement en arrondissement. La quantité d'arrondissements varie de département en département. Les départements sont différents en démographies et superficies. Ils sont représentés par le même nombre d'élus au sein du Sénat, mais le nombre de Députés dépend du nombre de communes composant ce département.

De l'Île de la Navase : Un Territoire Américain en Haïti

En ce qui relate au territoire national d'Haïti, la Constitution Haïtienne de 1987 en son article 8, à part ses rivières, ses montagnes et ses terres, énonce que la République d'Haïti est constituée de plusieurs îles ; l'île de la Gonâve, la Tortue, l'île à Vache, les Cayemittes, la Navase, les Grandes Cayes pour ne citer que celles-là.

Malgré que la constitution de 1987 et plusieurs constitutions antérieures mentionnent que l'ile de la Navase est placée dans les bords du territoire haïtien, elle est présentement sous le control de Etats-Unis d'Amérique, prévenant les Haïtiens de l'habiter, de la cultiver et d'extraire les bénéfices agricoles que cette terre pourrait bien générer. Cette même constitution en son article 8.1 stipule aussi que « Le territoire de la République d'Haïti est inviolable et ne peut être aliéné ni en tout ou en partie par aucun Traité ou Convention. »

L'île de la Navase, ainsi découverte et nommée par Christophe Colomb en 1504, est couramment inhabitée. Elle est située à près de 150 kilomètres au sud de la baie de Guantanamo, à Cuba et à 60 kilomètres à l'Ouest de la Péninsule de Tiburon. Elle est un refuge utilisé pour l'extraction du Guano qui n'est autre que l'excrément des chauves-souris et des oiseaux et qui est utilisée comme engrais naturel qui fait pousser les plantes plus rapidement. Elle est aujourd'hui une renardière créée pour préserver et pour protéger la biodiversité, la santé, le patrimoine social et la valeur économique des récifs coralliens et écosystèmes des Etats-Unis qui veulent protéger et maintenir un paradis pour les animaux en voie de disparition (Underhill, 2014).

La Navase est depuis 1996, sous le control d'une compagnie affiliée au Ministère de l'Intérieur des Etats-Américains dénommée, "The United States Fish and Wildlife Service".

Le 18 Août 1856, les Etats Américains ont voté le Guano Islands Act (Loi des Iles Guano) qui autorisait tout citoyen américain à prendre possession de n'importe qu'elle ile contenant des gisements de Guano pourvu que cette ile est inhabitée. Appliquant cette loi fédérale, les Etats-Unis ont pu prendre possession de plus de 100 iles dispersées à travers le monde, dont l'ile de la Navase en 1857. Plusieurs nations ont réclamé le départ des USA de leur territoire et ont fait réussi à reprendre possession de leur ile Guano. L'exemple le plus vivant est celui des iles Swan où un traité entre les USA et le Honduras ont été signé pour reconnaitre la souveraineté de l'Honduras sur les îles Swan qui étaient sous le control depuis 1863. En 2009, la majorité de ces Iles Guano ne sont plus sous le control des Etats-Unis d'Amérique.

L'île de la Navase est sous le control des USA depuis 1857. En 1857, Peter Duncan, un Capitaine du Corps Navy américain a planté le drapeau américain sur l'Ile de la Navase et a décidé que ce territoire ferait partie du territoire américain en raison qu'aucun Haïtien n'y vivait. Selon Pierre (2014), Depuis 1857 alors, l'île de la Navasse est un territoire disputé entre les Etats-Unis et l'Etat Haïtien. Toutefois, les gouvernements d'Haïti n'ont jamais officiellement entrepris une action de reprendre possession de l'île, mais ils n'ont jamais aussi relégué leur droit de possession aux

Américains qui font interdiction aux Haïtiens d'approcher trop près de ce territoire.

Selon le Fish and Wildlife Service des Etats-Unis (USFWS), de 1865 jusqu'à 1901, les Etats-Unis ont pu extraire plus d'un million de tonnes de guano de l'île et selon trois expéditions conduites et financées par le "Center for Marine Conservation" (CMC), et plusieurs investigations menées par le "Smithsonian", l'American Museum of Natural History, le National Oceanic and Atmospheric Administration (NOAA), le USFWS et le United States Geological Survey (USGS), il y a plus de 240 types de poissons et quatre types de lézards endémiques dans les eaux et sur l'île de la Navase.

Des sources non confirmées ont indiqué qu'en 1994, des soldats américains ont extrait de l'or et de l'uranium sur l'île.

Les Etats-Unis exercent un contrôle physique tandis qu'Haïti exerce un contrôle légal et traditionnel de l'île. Si la petite île contient vraiment de l'or et de l'uranium, il est alors un secret bien gardé par les Etats Américains. Sa constante inscription dans les constitutions haïtiennes depuis 1801 donne à Haïti la possibilité que la présence des Etats-Unis sur la Navase est illégale et du coup constitue une menace à la souveraineté nationale. Considération faite de l'article 8.1 de la Constitution haïtienne de 1987 et des articles 3 et 4 de la Charte de l'Organisation des Nations Unies qui supportent qu'aucun Etat ne peut utiliser la force ou la menace pour violer l'intégrité et le territoire d'un autre Etat.

Les gouvernements haïtiens ont plusieurs fois nourri l'idée de traduire les Etats-Unis par devant la justice sous prétexte d'occupation illégale et illégitime de l'île de la Navase. Mais ces prises d'actions ont été toujours dépassées ou divergées par des évènements politiques plus urgents.

Rester inactif à cette violation est comme aliéner aux Etats-Unis une partie de la liberté, de la dignité et de la souveraineté d'Haïti. Lutter pour la repossession physique de cette île ne serait qu'une affaire de principe qui restituerait ce territoire à son propriétaire légitime.

DE LA NATIONALITE HAITIENNE

La nationalité haïtienne est prescrite au Titre II Chapitre 10 à 15 de la Constitution Haïtienne de 1987. C'est quoi la nationalité haïtienne ? Qui est Haïtien et qui ne l'est pas ?

Les Haïtiens possédant une nationalité étrangère, peuvent-ils voter ? Peuvent-ils briguer des postes électifs ou devenir des haut-fonctionnaires de l'Etat Haïtien ? Quand l'Haïtien perd-il la nationalité haïtienne et comment peut-il la recouvrer ? Tant de questions, tant de débats, tant d'opinions. Les explications qui suivent vous aideront à capter l'esprit de la constitution quant à ces interrogations.

La nationalité est la relation juridique entre une personne et son pays d'origine ou le pays dans lequel il réside. La nationalité confère à l'Etat la juridiction sur la personne et lui donne la protection de l'Etat. La nationalité ou les avantages qui en découlent varient d'un Etat à un autre. La nationalité d'une personne désigne le pays ou la nation d'où elle vient. La nationalité peut se référer à la nation de naissance de la personne ou à une autre nation dans laquelle il a la citoyenneté quoiqu'elle n'y était pas née.

Les normes qui régissent la nationalité d'un citoyen sont déterminées par la loi du pays dans lequel le citoyen était né. Est Haïtien, n'importe quel individu né d'un père ou d'une mère qui sont eux-mêmes Haitiens, qui étaient nés Haïtiens et n'ont jamais renoncé à leur nationalité haïtienne. En d'autres termes, la nationalité haïtienne est basée strictement sur le droit du sang (Jus Sanguini) puisque l'article 11 de la constitution Haïtienne amendée ne dit pas que l'individu doit être né en Haïti. Donc, le droit de sol (jus soli) n'est pas un critère considéré pour déterminer l'existence de la nationalité haïtienne. Selon cet article 11, l'enfant, partout il serait né, pourvu que l'un de ses parents soit un Haïtien qui n'a jamais renoncé à sa nationalité, peut jouir de la nationalité haïtienne.

Le mot « jamais » dans l'article 11 est d'une signifiance légale absolue.

Le mot jamais semble vouloir impliquer que la nationalité haïtienne, une fois perdue, ne peut pas être recouvrée quoique la constitution amendée stipule que les étrangers peuvent obtenir la nationalité Haïtienne sans pour autant établir les conditions pour acquérir la nationalité haïtienne. La Constitution de 1987 stipula en son article 12.1 que l'étranger doit résider en Haïti pour cinq ans mais celle de 2012 a omis cet article. La constitution n'a pas dit si l'Haïtien naturalisé devient un étranger ou si ou comment l'Haïtien naturalisé peut recouvrer sa nationalité.

L'Haïtien qui a renoncé à sa nationalité ; devient-il un étranger ? Si la réponse est oui, n'est-il donc habilité à appliquer pour recouvrir sa nationalité d'origine Si la réponse est non ou si l'Haïtien naturalisé n'est pas considéré comme un étranger au regard de la loi, donc l'article 11 n'a pas d'échappatoires ; il perd jamais sa citoyenneté haïtienne.

Il n'y a pas présentement des provisions légales pour un Haïtien naturalisé ou pour un étranger d'acquérir la nationalité haïtienne. Les articles 12.1 et 14 de la constitution de 1987 ont stipulé une résidence continue sur le territoire.

La Constitution de 1987, en son article 15 rejette la double nationalité pendant que la constitution amendée de 2012 ouvre des portes tout en fixant des limites aux Haitiens qui se sont faits naturalisés. Selon la constitution amendée de 2012, toute personne née de parents étrangers n'a pas la nationalité haïtienne et toute personne née d'au moins d'un parent Haïtien peut jouir de la nationalité haïtienne.

Toute personne (sous réserves de la réponse légale à la question posée ci-dessus) n'ayant pas la nationalité haïtienne est considérée comme des étrangers aux yeux de la loi haïtienne et en tant que tels ne bénéficient pas des mêmes avantages que ceux ayant la nationalité haïtienne.

Par exemple, un Haïtien majeur vivant en Haïti jouit de ses droits civiles et politiques ; c'est-à-dire qu'il vote et/ou se porte candidat. Néanmoins, un American majeur qui vit en Haïti ne peut pas exercer ces droits parce que l'article 12 de la constitution veut que ces privilèges soient strictement et seulement réservés aux Haïtiens.

Des Haïtiens Vivant à l'Etranger

L'Haïtien qui s'est fait naturalisé perd en partie ses droits politiques. Avec la constitution haïtienne de 1987, spécialement en son article 12.1, la double nationalité sous aucun prétexte n'était admise. Ce qui voulait dire qu'une fois naturalisé, l'Haïtien perd tous ses droits ; il ne pouvait pas voter et il ne pouvait pas se porter candidat pour aucun poste électif. C'était en vertu de cette interdiction que des Haïtiano-Américains comme Samir Mourra et Dumarsais Siméus ont été écartés des joutes présidentielles haïtiennes.

Cet article a été écarté de l'amendement de 2012 pour reconsidérer la légalisation la double nationalité allouant aux Haïtiens vivant à l'étranger la possibilité de se porter candidats, mais seulement aux postes municipaux tels que Maires, ASECS, CASEC et Délégués de Ville.

Donc, un Haïtien qui jouit d'une nationalité étrangère n'est pas habilité à devenir Président, Premier Ministre, Ministres, Secrétaire d'Etat,

Consuls, Ambassadeurs, Sénateur ou Député en conformité avec les articles 91, 96, et 135 consentis par les amendements de 2012 qui établissent les critères d'admissibilité à ces postes précités. Pour être éligibles à ces postes, ces dits articles exigent, entre autres, que le postulant soit d'origine haïtienne, n'ait jamais renoncé à sa nationalité haïtienne et ne possède d'autre nationalité (s).

Des Enfants d'Haïtiens Nés à l'Etranger

Toujours se référant à l'article 11 de la constitution amendée de 2012, sera Haïtien tout individu, né en Haïti ou en terres étrangères, dont l'un des parents a la nationalité haïtienne si ce parent n'a jamais renoncé à sa nationalité d'origine. Nonobstant, serait aussi Haïtien tout enfant, né en Haïti ou en terres étrangères, dont l'un des parents est un étranger et l'autre parent est Haïtien et n'a jamais renoncé à sa nationalité haïtienne puisque la loi veut que l'un des parents de l'enfant soit Haïtien et n'ait jamais renoncé à sa nationalité haïtienne outre le lieu de naissance de l'enfant. Toutefois, cet enfant n'obtiendra pas la nationalité haïtienne si les deux parents se sont eux-mêmes naturalisés. Inversement, ne serait pas Haïtien l'individu né de deux parents haitiens d'origine qui eux-mêmes jouissent d'une autre nationalité même si cet enfant serait né en Haïti.

La constitution amendée rejette la question du droit du sol. Avant 2012, l'individu devrait être né (Jus Soli) en Haïti pour être considéré avoir la nationalité haïtienne. A partir de 2012, seul le droit du sang (Jus Sanguini) est requis. Donc, la double nationalité est admise en certains cas dans la constitution amendée de 2012. L'enfant en question pourrait jouir de deux nationalités puisque les lois étrangères relatives à la naturalisation spécialement celles des Etats-Unis d'Amérique, de la France, et du Canada pour ne citer que celles-là prescrivent que tout individu jouit de la citoyenneté du sol où il y était né.

Entre 18 à 21 ans, l'enfant décidera quelle nationalité il entend utiliser pour le reste de sa vie. S'il ne fait aucun choix, il recevra automatiquement la nationalité du pays dans lequel il réside.

Un Haïtien qui réside à l'étranger ne perd pas automatiquement la nationalité haïtienne, mais selon les articles 91, 96, et 135 de la constitution, perd ses droits politiques spécifiquement ceux de se porter automatiquement candidats aux joutes électorales. Les articles 91, 96, et 135 imposent un critère de résidence continue en Haïti. Le concept résidence signifie la place légale et géographique ou l'individu conduit ses transactions journalières. Le mot continu veut dire que la résidence ne doit pas avoir d'intervalles.

En plus d'être Haïtien de naissance et n'ayant jamais renoncé à leur nationalité, la résidence permanente est le critère d'admissibilité le plus controversé pour les postes électifs ou pour obtenir un mandat présidentiel en Haïti. La résidence continue varie selon la position en question.

Pour être Président ou pour être nommé Premier Ministre en Haïti, les articles 134 et 157 de la Constitution de 1987 et son amendement daté du 19 juin 2012 stipulent que les postulants doivent résider en Haïti pendant 5 années consécutives. Pour être maire d'une municipalité, l'article 70 veut que le postulant réside dans la municipalité pendant trois années consécutives, l'article 96 requiert quatre années consécutives pour devenir Sénateur, tandis que l'article 91 n'exige que deux années consécutives pour se postuler pour le poste de Député.

Aussi vrai que cette exigence d'admissibilité a été plusieurs fois l'objet de débats tout au long des dernières élections présidentielles. Et encore aujourd'hui, il continue d'être mal interprété même par les plus grands juristes, professeurs et législateurs haïtiens.

Certains soutiennent que, tant que quelqu'un continue de se rendre en Haïti au moins une fois par an, il ou elle répond à l'exigence fondamentale de la résidence continue, tandis que d'autres prétendent que tant que quelqu'un possède une entreprise en Haïti et paie des impôts ; il satisfait la notion de résidence permanente. Néanmoins, l'illumination la plus chaude vient de Me. Danton Léger, ancien Député de Léogâne, ancien Commissaire du Gouvernement, et l'un des plus grands savants de la législature actuelle. Il soutient que « tant que quelqu'un a attendu le Kindergarten ou a achevé ses études primaires ou secondaires en Haïti, il ou elle répond ainsi aux exigences constitutionnelles. »

En ce qui concerne les conditions d'éligibilité en Haïti, le concept de « résidence continue » signifie simplement que les intéressés doivent maintenir un lieu de résidence permanente dans le pays avant la date des élections auxquelles ils ont l'intention de participer. A leur valeur nominale, toutes les interprétations susmentionnées, sauf celle de Me. Danton, sont conformes aux intentions des articles relatifs à la résidence continue. Cependant, étant donné que les Haïtiens visés par ces dispositions bénéficient actuellement de résidences permanentes étrangères, peut-on affirmer que ces Haïtiens peuvent résider dans deux pays différents simultanément ou simplement, peuvent-ils avoir deux pays de résidence?

Lorsque les pays étrangers accordent la résidence permanente aux Haïtiens, c'est pour leur permettre de venir vivre et s'installer définitivement sur leur territoire respectif. À cette fin, ils ne sont pas autorisés à passer plus de six mois hors de leur pays de résidence. S'ils restent au-delà de six mois, ils risquent de perdre leur statut juridique d'immigrant ou ne peuvent plus avoir droit aux privilèges conférés aux détenteurs de la carte verte ou du permis de séjour.

Lorsque ces haïtiens visitent Haïti, ils remplissent un formulaire (I-94) sur lequel ils certifient que leur pays de résidence est les États-Unis, la France ou le Canada. Ils sont également tenus d'apposer la date de leur retour sur ce même formulaire.

Un point est clair; À la minute où l'Haïtien accepte la résidence permanente d'un autre pays; sa résidence n'est plus Haïti et cela, malgré le fait qu'il se rend en Haïti tous les trois mois ou bien qu'il puisse posséder une maison ou une entreprise en Haïti. Ces articles ne s'appliquent pas aux

Haïtiens qui voyagent avec des visas ou des Haïtiens, comme les Ambassadeurs et les Envoyés Spéciaux, qui sont en mission diplomatique pour le pays. Leurs années passées à l'étranger n'affectent pas leur résidence permanente en Haïti.

Les articles relatifs à la « résidence » en Haïti sont clairs; Ils parlent d'années consécutives, ce qui signifie que ces années ne doivent être pas interrompues. Cela implique aussi que cet haïtien n'abandonne pas son séjour en Haïti. En d'autres termes, il ne peut pas prétendre, qu'il respecte les prescriptions des articles 70, 91, 96 et 157 de la Constitution d'Haïti de 1987.parce qu''il a vécu en Haïti de 2000 à 2003, a quitté en 2004 pour ensuite revenir en 2010 et maintenant en 2017.

Par conséquent, les Haïtiens bénéficiant d'une résidence permanente dans un pays étranger doivent d'abord renoncer à leur statut d'immigrant légal et venir se réinstaller dans leur communauté, s'ils veulent réclamer leur droit de participer aux élections ou de recevoir une nomination présidentielle dans leur pays d'origine.

Pour répondre à cette question brûlante, les Haïtiens titulaires d'une carte verte ont pour résidence le pays qui leur a accordé leur carte verte respective et ne peuvent, à moins d'abandonner ou de renoncer contre procédure à leur statut légal, résider en Haïti. En tant que tels, ils ne sont pas habilités à exercer les droits civils et politiques dans le pays où ils n'y sont pas résidents.

Le passeport haïtien, les visites de routine, une carte d'identité ou un numéro d'enregistrement ne sont pas des preuves de la résidence en Haïti.

De La Nationalité Haïtienne et de la Double Nationalité

Et pour un résumé profond de tout ce qu'on vient de lire en haut et pour apporter un brin de lumière sur les différences nuances qui existent dans les multiples débats sur la nationalité et sur quand la double nationalité est admise dans la constitution et dans la loi haïtienne disons tout simplement que la constitution de 1987 a été claire sur ce sujet. En ses articles

10 et 11, elle a exigé que le droit du sang (Jus Sanguini) et le droit du sol (Jus Soli) soient les conditions sine qanun pour jouir de la nationalité haïtienne. En fait, elle a exigé que pour être considéré Haïtien, l'enfant doit être né en Haïti et qu'au moins un de ses parents soit Haïtien et n'ait jamais renoncé à sa nationalité.

Le mot « jamais » a impliqué qu'une fois perdue, la nationalité haïtienne ne peut pas être recouvrée. Plus loin, soit en son article 12.1, la constitution de 1987 a totalement rejeté la double nationalité et ainsi les Haitiens qui ont renoncé à leur nationalité ne pouvaient plus être qualifiés pour des postes électifs et nominatifs.

Les concepts de nationalité et de double nationalité ont changé avec l'amendement de 2012 de la constitution haïtienne. Selon cet amendement, l'unique condition pour être haïtien est d'être né d'au moins d'un parent haïtien qui n'ait jamais renoncé à sa nationalité. L'enfant, partout il était né; pourvu que l'un de ses parents est un Haïtien qui n'a jamais renoncé à sa nationalité, est automatiquement Haïtien. Ainsi donc, seul le droit du sang est requis pour être considéré Haïtien à partir de l'année 2012.

Dans ce cas, l'enfant né en terres étrangères possède la nationalité du pays dans lequel il est né et celle du pays dans lequel au moins un de ses parents y était né. Donc, il possède la double nationalité et la loi haïtienne reconnait cette double nationalité. Pour être clair ; si le parent haïtien a renoncé à sa nationalité haïtienne, cet enfant ne pourra pas jouir de la nationalité haïtienne. Plus encore, cet article ne s'applique aux Haitiens qui ont donné naissance à des enfants avant 2012.

En un terme plus simple, un enfant né avant 2012 aux Etats-Unis d'au moins d'un parent haïtien qui n'a jamais renoncé à sa nationalité haïtienne, ne possède pas la nationalité haïtienne, mais un enfant était né aux Etats-Unis en 2012 ou après 2012 d'au moins d'un parent haïtien qui n'a jamais renoncé à sa nationalité haïtienne, possède la nationalité haïtienne. Cet enfant, entre 18 à 21 ans, décidera quelle nationalité il entend utiliser pour le reste de sa vie. S'il ne fait aucun choix, il recevra automatiquement la nationalité du pays dans lequel il réside le plus.

L'amendement de 2012 de la constitution haïtienne élimine le droit du sol puisque l'Haïtien qui vit en France, Canada ou les Etats-Unis peut donner naissance à des petits Haitiens même si son époux ou épouse n'est pas Haïtien ou Haïtienne.

L'amendement de 2012 de la constitution haïtienne légalise aussi la double nationalité pour les Haitiens qui ont renoncé à leur nationalité. Avec cet amendement, le terme « renoncer » devrait être éliminé pour dire de préférence « se fait naturaliser » puisque si la constitution admet la double nationalité, l'Haïtien ne peut pas renoncer à sa nationalité ; il s'est plutôt fait naturaliser.

L'Haïtien naturalisé maintenant peut voter et se porter candidats mais seulement pour des postes municipaux tels que ASECs, CASECs et Maires. Il ne peut pas se porter candidat pour les postes de parlementaire ou président. Il ne peut pas aussi recevoir une nomination présidentielle pour des postes de ministre, secrétaire d'Etat, membre d'une institution indépendante, ambassadeur, consul, etc.

DES DROITS FONDAMENTAUX ET DES DEVOIRS DU CITOYEN

L es droits fondamentaux sont ces droits communément inalié-
nables et inhérents à tous les citoyens. L'unique critère pour un
citoyen d'avoir des droits fondamentaux est la naissance qui lui
fait devenir membre d'une nation. Oxford Public International Law cite
que les droits fondamentaux sont primordialement garantis pas la constitution d'une nation et par la Déclaration Universelle des Droits de
l'Homme. En tant que garante des libertés « fondamentaux », la constitution met tous les citoyens sur le même pied d'égalité. Tous les citoyens
d'une nation ont les mêmes droits fondamentaux et tous les droits fondamentaux sont garantis pas la constitution.

Les droits fondamentaux sont attachés à l'individu. Ils sont inviolables
et s'appliquent à tous, indépendamment des affiliations politiques de statut géographique ou de statut économique. En des termes plus simples,
les droits fondamentaux sont liés à la citoyenneté, ils sont justes et équi-
tables, éliminent toutes marges de discriminations sociales et politiques.
Ils commencent à la naissance et finissent à la mort de l'individu. Quelques

fois, Les droits fondamentaux continuent au-delà de l'existence lorsque l'individu a laissé un testament pour la disposition juridique de ses biens après sa mort.

Les citoyens haïtiens ont autant des droits que des devoirs. Les droits fondamentaux et les devoirs du citoyen sont prescrits au Titre III, chapitres I à 3, et Articles 16 à 52 de la constitution en vigueur.

Se référant à tous ses droits fondamentaux garantis par la constitution, on peut dire qu'Haïti est un Etat interventionniste puisque le gouvernement intervient pour établir les conditions pour que tous les citoyens exercent et bénéficient des droits à eux conférés par la constitution.

Les droits fondamentaux sont la citoyenneté, le droit à la vie et à la santé, la liberté individuelle, la liberté d'expression, la liberté à la conscience, le droit de se rassembler et de s'organiser, le droit à l'éducation et à la formation, le droit au travail, le droit à la propriété, le droit à l'information, et le droit à la sécurité sociale.

Du Droit à la Citoyenneté

Le droit à la citoyenneté est élucidé par les articles 16 à 18 de la constitution en vigueur. La nature de la citoyenneté établit les conditions pour la jouissance et l'exercice des droits civiques et politiques et aussi les conditions pour révoquer ou perdre la citoyenneté. La nature de la citoyenneté fixe l'âge majoritaire qui est de 18 ans accomplis. A 18 ans, le citoyen peut voter et à 21 ans, il peut jouir de tous ses droits civils et politiques s'ils satisfaits les conditions prescrites par la constitution et la loi. Les articles 16 et 17 de la constitution en vigueur dictent des restrictions de droits civiques et politiques dépendant strictement de l'âge de l'incubent.

Un citoyen, en tant que membre de la société, jouit des droits fondamentaux et assume les obligations d'appartenance à sa société. Un citoyen est une personne morale jouissant de la liberté d'agir conformément à la loi et ayant la protection de la loi. Un citoyen est aussi un agent politique, ayant le droit à la participation politique. La citoyenneté est donc un acte d'appartenance à une communauté politique conformément aux principes établis par la loi et la constitution de cette communauté politique. La citoyenneté haïtienne donne une garantie générale d'égalité de tous les Haïtiens devant la loi pourvu que ces Haïtiens n'aient pas renoncé à leur nationalité. De façon subliminale, la constitution haïtienne donne le droit à l'Haïtien d'obtenir la citoyenneté d'un autre pays, sachant tout bonnement qu'il perdrait des avantages qui sont strictement réservés aux seuls citoyens haïtiens.

Pour assurer un Etat basé sur l'égalité des sexes, la constitution haïtienne amendée envisage le concept du quota. Il est interdit à quiconque de former un comité, un cartel, un parti politique sans la participation des femmes. Ce n'est pas sans raison, qu'à partir de l'année 2012 tous les cartels de Maires, d'ASECS, de CASECs ont eu au moins une femme. Dans le Conseil Electoral Provisoire (CEP) on y trouve trois femmes. L'article 17.1 exige un quota de 30% à tous les niveaux de la vie nationale, notamment dans les services publics.

Du Droit à la Vie et à la Santé

Le droit à la vie et à la santé fait autorité dans les articles 19 à 23 de la constitution en vigueur. L'Etat Haïtien a l'obligation absolue de garantir le droit à la vie, le droit à la santé, et le respect de tous sans distinction de sexe, de couleurs et de classes sociales, en conformité avec les traités internationaux, plus particulièrement, la Déclaration Universelle des Droits de l'Homme votée à Paris en 1948. La punition capitale ou la peine de mort n'existe pas dans la pratique légale en Haïti mais la condamnation à perpétuité existe.

Un individu ayant commis en crime de haute trahison sera gardé en prison jusqu'au jour de sa mort.

Un des droits fondamentaux conférés par la constitution est le patriotisme. Sera qualifié de traitre tout individu qui porterait les armes contre le pays ou tout individu qui servirait dans une armée étrangère contre laquelle Haïti serait en guerre même si physiquement, cet individu n'aurait pas participé à la guerre contre la République. A noter que les Haïtiens qui font partie d'une armée étrangère, pas en conflit avec Haïti, ne seraient pas qualifiés de traitres.

Voler les biens de l'Etat, violer un article de la constitution constitue aussi un crime de haute trahison. Si on appliquerait cet article, plusieurs fonctionnaires de l'Etat Haïtien, responsables des deniers publics seraient automatiquement reconnus coupables de crimes de haute trahison.

Le crime de haute trahison est punissable de travaux forcés à perpétuité sans parole et sans commutation de la peine.

L'Etat a l'obligation de garantir l'accès à la santé à travers la construction et la disponibilité d'hôpitaux, de cliniques, de centres de santés, et de dispensaires au service de la nation. L'Etat en outre vise de garantir l'assistance et à la sécurité sociale à travers une politique agraire qui mettrait en évidence le paysan à la culture de la terre. On reconnait qu'Haïti est un pays essentiellement agricole, cependant l'Haïtien vit de l'importation. Car, 80% des biens de premières nécessités que l'on consomme proviennent de l'extérieur.

De l'Assurance Médicale, de l'Assurance Vieillesse et de la Pension

Il fut un temps où seuls les riches pouvaient économiser, voir un docteur, vivre aisément lorsqu'ils ne travaillaient plus et pouvaient laisser des biens ou de l'argent à leur famille. Aujourd'hui, ce n'est plus ainsi puisque la sécurité sociale a été ingéniée et [architectée] pour permettre aux pauvres ou au moins aisés d'aborder des soins médicaux et de faire face aux besoins les plus essentiels après qu'ils seraient incapables de travailler.

La sécurité sociale est un aspect de la politique publique qui permet à un individu de cotiser mensuellement une somme d'argent proportionnelle à son revenu à une institution publique ou privée qui elle-même remboursera pareillement ce que cet individu devra au médecin, au pharmacien ou à l'hôpital ou aura besoin lorsqu'il sera vieux.

Le principe sine qanun de la sécurité sociale est que l'individu contribue mensuellement une portion de son salaire à une compagnie qui elle-même remboursera une partie ou tous les frais médicaux de cet individu ou versera mensuellement à cet individu un pourcentage du salaire total qu'il a contribué pourvu que cet individu ait gagné assez de points pour recevoir ces avantages.

Les types de la sécurité sociale les plus connues sont l'assurance médicale, l'assurance vieillesse et la pension. L'assurance médicale couvre en tout ou en partie les frais médicaux, chirurgicaux et de pharmacie d'une personne assurée par une compagnie d'assurance tandis que la pension et l'assurance vieillesse impliquent que l'individu contribue pour recevoir un salaire mensuel lorsqu'il ne peut plus travailler, lorsqu'il ne pourra plus travailler, lorsqu'il aurait atteint l'âge de la retraite ou lorsqu'il serait frappé d'incapacité physique ou mentale.

En Haïti, Le système actuel de la sécurité sociale a été institué le 28 août 1967 selon la loi organique du Ministère des Affaires Sociale et du Travail qui crée l'Office d'Assurance Accidents du Travail, Maladie et Maternité (OFATMA) et l'Office National d'Assurance Vieillesse (ONA). La sécurité sociale, notamment l'assurance médicale, l'assurance vieillesse et la pension, est prévue plus particulièrement par l'alinéa 5 du préambule ainsi que les articles 19 et 22 de la constitution haïtienne de 1987 reconnaissant respectivement les droits à la santé et à la sécurité sociale de l'Haïtien et l'article 153 du décret du 17 mai 2005 portant révision du statut général de la fonction publique.

L'OFATMA, qui s'occupe des assurances en matières d'accidents de travail, de maladies et de maternité, assure les fonctionnaires du secteur public tandis que l'ONA, qui s'occupe des assurances en matières de vieillesse et d'incapacité physique ou mentale, assure les fonctionnaires du secteur privé.

L'Assurance Médicale

L'assurance médicale ou la couverture sanitaire est un type d'assurance qui couvre en tout ou en partie les frais médicaux, chirurgicaux et de pharmacie d'une personne assurée par une compagnie d'assurance. L'assuré est le bénéficiaire de l'assurance médicale tandis que la compagnie d'assurance est l'institution fournisseuse de ces plans de couvertures médicales.

Selon le plan d'assurance médicale, soit l'assuré paie ses propres frais médicaux et est ensuite remboursé la totalité ou une partie de la facture par la compagnie d'assurance ou soit la compagnie d'assurance effectue des paiements directement à la clinique, au centre hospitalier ou au centre de santé qui fournit les soins médicaux à l'assuré.

Dans certains pays comme l'Allemagne, la France ou le Canada, la couverture médicale est universelle, c'est-à-dire que l'Etat offre à tous les citoyens un quelconque plan de couverture sanitaire. Ce ne fut qu'en 2014 que les Etats-Unis ont voté une loi relative à la santé universelle. Les USA vont jusqu'à pénaliser jusqu'à 1% de leurs revenus les individus qui n'ont pas un plan d'assurance médicale. Les USA font aussi imposition aux compagnies de plus de 25 employés d'avoir une couverture médicale pour leurs employés.

Le gouvernement n'offre des assurances médicales qu'aux fonctionnaires publics. Les entreprises privées ne sont pas dans l'obligation de fournir ou d'offrir des couvertures sanitaires à leurs employés. Il y a plusieurs compagnies d'assurances privées qui contractent avec des entreprises privées en vue de les encourager à assurer leurs employés. Pour la plupart, elles sont des compagnies étrangères avec des succursales en Haïti, mais elles n'ont pas de couvertures nationales. L'employé peut choisir de ne pas acheter la couverture à lui offerte par son patron et peut contracter directement avec la compagnie d'assurance de son choix.

Un employé du secteur privé qui se déciderait à acheter un contrat d'assurance offerte par son entreprise, serait tenu de payer un pourcentage sur son revenu et le patron pourrait décider à matcher et ou à payer pour son employé à la compagnie d'assurance une partie des frais médicaux que l'employé irait recevoir de n'importe quelle facilité médicale en contrat avec l'entreprise en question. S'il choisit lui-même sa compagnie d'assurance, il paiera directement à sa compagnie d'assurance.

L'assurance médicale ne couvre pas tous les types de maladies, de chirurgies ou de médicaments et l'assuré sera obligé à contribuer un quote-part des rendez-vous ou de la facture finale. Le quote-part est une cotisation pour couvrir ce que l'assurance médicale ne couvre pas. Certaines assurances ne couvrent pas la maternité, les rendez-vous ou des visites routinières aux services d'urgences. Peu couvrent les frais dentaires et ophtalmologiques. Pour ces maladies, l'assuré consentira ces dépenses. Pour des cas non-urgents, certaines compagnies d'assurances exigent que les bénéficiaires soient référés à un médecin par la compagnie d'assurance avant de recevoir les soins nécessaires.

L'obligation d'avoir un plan d'assurance médicale est seulement faite aux fonctionnaires de l'Etat. Ainsi donc, la couverture médicale est un avantage social lié à l'emploi. En clair, l'individu qui ne travaille pas n'a pas un plan d'assurance médicale. D'où la raison d'être de l'Office d'Assurance Accidents du Travail, Maladie et Maternité (OFATMA) qui est une institution publique chargée de fournir des plans d'assurances médicales aux fonctionnaires publics.

L'OFATMA a été instituée le 28 août 1967 selon la loi organique du Ministère des Affaires Sociale et du Travail (MAST) pour mettre en vigueur l'assurance maladie et maternité et pour faire de l'Etat le sole fournisseur de sécurité sociale aux fonctionnaires publics en instaurant un système d'assurance qui donne droit au remboursement des dépenses occasionnées par les maladies, les accidents et les décès.

L'OFATMA est présente à travers le pays par le biais de trois hôpitaux situés au Cap-Haïtien, Cité Militaire et Les Cayes. L'année dernière soit en 2016, le gouvernement a initié un projet pour renforcer la présence de l'OFATMA dans le pays à travers les constructions de trois autres centres hospitaliers respectivement à la Compagnie Nationale de Parcs Industriels (SONAPI), le Parc Industriel de Caracol et à Port-de-Paix.

Pendant qu'un employé du secteur privé peut choisir parmi plusieurs compagnies d'assurances privées, le fonctionnaire public n'a pas ce choix puisqu'automatiquement ou dès qu'il est embauché, il est couvert par l'OFATMA et le gouvernement prélève des frais de soins de santé sur son salaire mensuel. Notons que plusieurs fonctionnaires publics ne sont pas au courant de cette couverture sanitaire à eux offerts par le gouvernement. Ils continuent de payer eux-mêmes leurs frais d'hôpitaux quand ils sont malades.

Les plans d'assurances médicales ne sont pas transférables et cessent à la mort de l'assuré à moins que ses enfants ou sa moitié ont été inclus dans le plan. Dans ce cas, ils continueront à payer la compagnie d'assurance médicale pour continuer à recevoir les soins médicaux pour le reste de la famille.

Inter alia, si l'assuré ne paie pas pour son assurance médicale, il perd sa couverture. Les assurances médicales impliquent que l'assuré soit employé ou qu'il continue à payer même s'il n'est plus un employé. Cette règle est différente pour un fonctionnaire public qui ne peut pas cesser sa contribution puisque les frais d'OFATMA sont prélevés automatiquement sur son revenu même s'il n'utilise pas ou n'a jamais utilisé les services de l'OFATMA.

Plus particulièrement, pour ceux qui sont couverts à travers leur entreprise, si vous êtes bénéficiaires d'une assurance médicale et vous êtes malades sur le point de subir une intervention chirurgicale, assurez-vous que votre plan couvre votre procédure médicale. Assurez-vous aussi que votre plan vous remboursera ou paiera en tout ou en partie les frais de votre intervention.

Dans toutes les circonstances, assurez-vous que votre patron, en fait et en pratique, contribue pour votre santé à la compagnie avec laquelle vous êtes affiliés.

L'Assurance Vieillesse et la Pension

L'Assurance vieillesse et la pension sont assurées par l'Office Nationale d'Assurance Vieillesse. L'assurance vieillesse et la pension impliquent que l'individu cotise à l'ONA pendant qu'il est un employé. L'individu contribue une portion de son salaire mensuel vers sa retraite et recevra un pourcentage de ses cotisations quand il ne travaille plus ou quand il ne peut plus travailler à cause de son âge ou à cause d'une incapacité physique ou morale. En Haïti, l'âge de la retraite est de 55 ans et pour recevoir un salaire mensuel de l'ONA, l'individu doit tout d'abord réclamer la pension, il doit cesser ou ne peut plus travailler et avoir au moins fait 240 cotisations qui s'étalent sur une durée de 20 années. Il doit se présenter avec le livret qui lui a été délivré pour produire la demande pour la retraite ou la pension vieillesse.

L'ONA offre des services à ses assurés avant même qu'ils atteignent l'âge de la retraite. Ces services de prestations sociales et financières sont les services bancaires, les prêts scolaires, les prêts sur cotisations et prêts hypothécaires pour ne citer que ceux-là. L'ONA offre en outre deux types d'assurances : l'assurance obligatoire pour les employés du secteur privé et l'assurance volontaire pour ceux qui ne travaillent pas ou ceux qui travaillent pour leur compte.

L'assurance vieillesse et la pension sont obligatoires pour les employés du secteur privé. L'ONA reçoit les cotisations de l'entreprise de l'assuré. L'assuré contribue 6% de son salaire et le patron matche ou contribue aussi à hauteur de 6% en faveur de l'employé. Donc les versements mensuels cotisés par l'assuré sont de 12% du salaire de l'employé.

Un individu qui travaille pour son compte peut choisir d'être assuré par l'ONA. Dans ce cas, il se rendra à un bureau de la Direction Générale des Impôts (DGI) pour déclarer son revenu. Lorsqu'il recevra le quitus du bureau de la DGI, il se rendra à l'ONA pour remplir les formes d'assurances nécessaires et paiera mensuellement un pourcentage de 12% de son revenu.

Le salaire de la retraite commence dès la dixième année de travail et est égal à 1/3 du total de la cotisation versée par l'individu pendant les dix dernières années de travail. Ce qui veut dire que les premières 120 cotisations faites durant les 10 premières années ne sont pas calculées et ne seront pas attribués vers la retraite. Ainsi, si vous étiez un employé seulement pour 119 mois, vous ne seriez pas qualifiés pour la retraite, mais la loi vous permettra de recouvrir une partie de vos cotisations.

Un individu qui cesse de travailler pour cause d'incapacité physique ou mentale survenue à la suite d'un accident de travail avant d'avoir fait 240 versements, mais pas plus de 120 versements à l'ONA, peut produire une demande de restitution d'invalidité qui lui permettra de recouvrir 1/5 de sa cotisation pourvu qu'il reste incapacité ou qu'il performe une activité qui lui paie ou à travers laquelle il gagne une rémunération au deçà d'un tiers de son dernier salaire.

Un individu qui cesse de travailler ou est révoqué avant qu'il ait droit à la pension ou avant qu'il ait fait 120 cotisations peut continuer à contribuer à l'ONA en attendant qu'il soit réembauché par la même ou une autre entreprise. Cependant, il contribuera lui-même 12% de son revenu. Lorsqu'il sera réembauché, il reversera à sa contribution de 6% parce que le nouveau patron contribuera l'autre 6%.

La loi prévoit aussi une pension de survivants ou de réversibilité. Ce type de pension permet à une famille de recevoir les prestations sociales que devraient recevoir leur défunt pourvu que ce défunt ait versé au moins 120 cotisations à l'ONA. La loi prévoit aussi des demandes de restitutions de cotisations pour des individus qui ne sont pas qualifiés pour la pension à cause d'une incapacité permanente de travail, décès ou départ définitif pour l'étranger. Dans ces cas, un prélèvement de 1% serait perçu sur le montant des cotisations. L'assuré qui laisse le pays peut contribuer à contribuer vers sa pension de vieillesse. L'ONA ouvre aussi ses services aux Haitiens de la diaspora qui peuvent s'assurer et verser leur cotisation mensuelle en ligne.

La restitution de cotisation pour incapacité permanente de travail est accordée aux assurés âgés de plus de 55 ans ou aux assurés de moins de 55 ans présentant une incapacité totale de travail et ayant versé des cotisations à l'ONA pendant une période inférieure à 10 ans.

En clair, le droit à la pension n'est reconnu que lorsque l'assuré ait versé au moins 120 cotisations à l'ONA ou qu'il reste employé pour plus que 10 années, indépendamment s'il devient incapacité, décédé ou laisse le pays définitivement. Tout employé qui ait versé moins de 120 cotisations ou ait été un employé pour moins de 10 années, n'a pas droit à la pension de vieillesse, mais peut produire une demande de restitution de cotisations ou continuer lui-même à cotiser 12% de son revenu pour les 10 prochaines années ou jusqu'à ce qu'il soit réembauché.

Assurance de Vie

L'Assurance de vie permet à un individu de contribuer une partie de son revenu soit mensuellement ou forfaitairement à une compagnie d'assurance de vie moyennant que sa contribution serait remboursée à sa famille à sa mort. Les contrats d'assurance de vie sont légaux et les termes du contrat décrivent les limites des cas assurés. Des exclusions spécifiques sont souvent inscrites dans le contrat pour limiter la responsabilité de l'assureur; les exemples les plus courants sont les allégations de suicide, de fraude, de guerre, d'émeute et d'agitation civile.

En Haïti, ni l'OFATMA ni l'ONA offre les assurances de vie. Ce marché est contrôlé par le secteur privé. En fait, il y a une ferme poignée de compagnies d'assurance offrant des assurances de vie en Haïti. Elles sont des présences primordialement dans la capitale. Les Haitiens sont encore à être éduqués dans le domaine de la sécurité sociale plus particulières les assurances de vie. Ces mêmes compagnies offrent des assurances funérailles.

Assurances Véhicules

Les motoristes en Haïti sont assurés par un organisme public dénommé Office Assurance Véhicules Contre Tiers (OAVCT). Aucune autre compagnie en Haïti n'est autorisée à offrir des assurances sur les véhicules. L'OAVCT est un entreprise d'Etat qui, de droit, est le seul existant à travers le pays. Il s'occupe de la protection de personnes et des immeubles exposés aux risques de la circulation. L'OAVCT a été institué par le décret du 8 juin 1964.

Le mot « contre-tiers » signifie tout simplement qu'en cas d'accidents, la victime a un recours ou peut porter plainte contre la tierce personne. En règle générale, l'assurance de la tierce personne couvrirait les dépenses de santé ou les couts de réparations de la voiture de la victime ou de la tierce personne pourvu que les dommages causés soient cosmétiques et extérieurs. L'assurance véhicule en Haïti est standard ; tous les motoristes ont les mêmes avantages quoiqu'ils ne contribuent pas la même somme vers l'assurance.

L'assurance médicale, l'assurance vieillesse, la pension et l'assurance de vie sont payées par l'assuré mensuellement tandis que l'assurance véhicule est payée pour l'année plus particulièrement à l'achat, le dédouanement ou le transfert du véhicule. L'assurance de vie et l'assurance véhicule ne tiennent pas des comptes du revenu de l'assuré.

De la Liberté Individuelle

La liberté est la norme ; l'emprisonnement est effectué comme étant un pire scénario ou comme une action de dernier recours. La liberté individuelle est expliquée par les articles 24 à 27 de la constitution en vigueur. L'Etat garantit la liberté individuelle de chaque citoyen. La liberté d'un citoyen ne peut être restreinte que dans des cas prévus par la loi.

La perte de la liberté individuelle implique l'incarcération et la persécution seulement dans les cas prescrits par la loi. Cela veut dire, que la loi fixe les manières selon lesquelles un individu peut être persécuté, arrêté, détenu, ou emprisonné. Nul ne peut lui-même s'incriminer ou se porter témoin contre lui-même.

L'article 24.1 établit le principe qu'on ne reconnait pas de crimes et de punitions sans l'existence préalable d'une loi. De plus, seul en cas de flagrant délit, un individu peut être arrêté sans un mandat. Le mandat doit être écrit en Créole et en Français dont une copie est remise à l'accusé au moment même de l'arrestation. L'accusé doit être aussi conseillé sur son droit à une représentation légale ; c'est-à-dire, qu'il a droit à un avocat et s'il ne peut pas payer les frais d'un avocat, l'Etat doit lui donner un avocat commis d'office. Toute arrestation sera effectuée sur mandat d'amener et entre six heures du matin et six heures du soir. Cependant, en cas de flagrant délit, l'arrestation peut être effectuée sans mandat et au moment même de l'infraction en cours quelle que soit l'heure de la journée.

En peu de mots, un individu ne peut être arrêté que durant la journée et un mandat est requis pour toute arrestation sauf dans les cas de flagrant délit. Le terme « flagrant délit » implique que le criminel est capturé pendant qu'il en train de commettre l'acte.

Je vous prie de ne confondre flagrant délit avec le terme « corps du délit » qui implique qu'un crime doit être commis avant qu'une personne puisse être reconnue coupable d'avoir commis un crime. Dans plusieurs cas, un individu ne peut pas être puni pour meurtre si le corps de la présumée victime n'est pas recouvrée. De même pour être puni de vol, l'objet volé en question doit faire partie des évidences soumises devant son juge compétent.

La responsabilité criminelle est personnelle, ce qui veut dire que nul ne peut être arrêté en lieu et place d'un autre. C'est illégal et c'est inconstitutionnel, par exemple, d'arrêter une mère pour l'infraction commise par son enfant.

Les tortures psychologiques et les brutalités physiques sont prohibées. Toute interrogation sera faite en présence d'un avocat ou d'un témoin seul dans les cas où le prévenu déclinerait les services d'un avocat ou d'un témoin. Tout prévenu apparaitra devant un juge sans retard inutile et, en tout état de cause, dans les 48 heures de son arrestation, à l'exclusion du jour de l'arrestation, des dimanches et des jours fériés, ou dès que ce juge est disponible.

Cela signifie que si vous êtes arrêté un vendredi à midi, vous resterez en détention en vertu de cette règle jusqu'à lundi à midi parce que le vendredi (le jour de l'arrestation) et le dimanche ne sont pas inclus dans le délai. Cependant, si lundi est un jour férié, la période de 48 heures serait prolongée jusqu'au Mercredi à midi

Tout prévenu qui ne sera pas entendu dans les 48 heures de son arrestation sera considéré comme détenu ou arrêté illégalement. Quand l'arrestation est illégale, le juge libère sans délai. L'arrestation illégale est une violation de l'article 26 de la constitution en vigueur et de la Déclaration Universelle des Droits de l'Homme. Tout individu a le droit de faire appel à une décision rendue par un Tribunal de Paix.

La constitution considère toutes violations de libertés individuelles comme étant des actes arbitraires et tout auteur d'acte arbitraire, sans tenir compte de sa position, sera sévèrement puni à la mesure de la loi. La Constitution en son article 27.1 rend l'Etat et ses fonctionnaires directement responsables de tous actes arbitraires ou actes commis en violation de la liberté individuelle du citoyen.

De la Liberté d'Expression

La liberté d'expression est consacrée par les articles 28 et 29 de la constitution en vigueur. La liberté d'expression donne au citoyen le droit d'exprimer librement ses idées et ses opinions sous n'importe quelle forme qu'il choisit. La logique supportant le principe de la liberté d'expression est que l'exercice de ce droit ne doit pas causer de préjudice au caractère ou à la réputation des autres à travers des déclarations fausses ou trompeuses.

Tout citoyen a le droit à la liberté d'expression. C'est en vertu de ce droit à la liberté d'expression que n'importe quel citoyen peut faire passer ses opinions ou dénoncer un fait sans peur d'être menacé ou persécuté par le gouvernement.

La liberté d'expression se manifeste à travers le droit de voter. La Constitution Haïtienne en vigueur garantit à tous les Haïtiens la liberté de choisir leurs propres représentants aux élections municipales, législatives et présidentielles. A travers ce droit d'expression, le peuple, confère à ses représentants l'autorité d'édicter et d'influencer les politiques en son nom à leur niveau respectif de la gouvernance haïtienne.

Les vingt-cinq dernières années de pratique électorale en Haïti permettent de constater un manque de volonté relatif au respect des droits fondamentaux des électeurs. Des études réalisées indiquent que l'échec politique du pays est dû à des structures socio-économiques où les candidats avec d'énormes ressources financières achètent des votes au lieu de les gagner justement et honnêtement.

De la Liberté de la Presse

Garantie par la constitution haïtienne de 1987 en ses articles 28 et 29, la liberté de la presse ne signifie pas que les journalistes ont le droit de reporter n'importe quoi sur n'importe qui ou sur n'importe quelle situation sans qu'ils aient des données crédibles et valides. Si c'était ce cas, la loi sur la diffamation ne serait jamais votée.

La liberté de la presse signifie que le gouvernement est responsable de créer un environnement pour permettre à la presse de fonctionner en toute liberté et sans l'influence du gouvernement. Elle signifie aussi que le gouvernement ne doit élaborer aucune loi restreignant la liberté de la parole ou de la presse.

En de termes plus simples, les travailleurs de la presse ont la liberté de reporter tout ce qu'ils veulent pourvu que leurs reportages soient teintés de hautes réputations de sagesses ou pourvu que leurs reportages soient vrais, biens et utiles à ceux qui les lisent, les regardent ou les entendent.

Tout reportage qui n'est pas vêtu du sceau de la haute réputation de sagesse est faux, inexact, incorrect, manipulatrice, déformé et de fait, nuit à la démocratisation et conduit à l'instabilité politique. [Totally, not fair to the nation]. Le fonctionnement de celui qui le publie doit être investigué et le cas échéant révoqué.

Accordé ; même dans les plus grands pays du monde il n'existe pas une presse indépendante, mais un reportage ne devrait pas être la simple décision d'un journaliste de se venger de quelqu'un ou l'opinion élémentaire et personnelle d'un journaliste pour montrer son désaccord avec le gouvernement en place.

Un journaliste n'est pas un révolté, un rogue, un rebelle, un indiscipliné, un insubordonné ; il assume sa fonction dans le plus grand sacrosaint de la fonction journalistique. Il est avant tout un éducateur, un formateur, un éveilleur est plus spécifiquement, il un citoyen respectueux de la décence, de la bienséance, de la convenance et de la règlementation médiatique.

La vérité ne change pas et ne peut pas être changée, mais vos opinions peuvent à n'importe quel moment. Le peuple prend action à la minute qu'il lise quelque chose ; voulez-vous le communiquer quelque chose aujourd'hui et le changer demain ou dès que votre situation change.

A la minute que le journaliste prend son micro, sa plume, son magnétophone et son camera, son opinion ne compte plus. Il ne travaille plus pour son affiliation politique ou socioéconomique, mais pour la vérité et rien que la vérité. AMEN, AMEN, AMEN et ainsi soit-il.

C'est avec dédain, impertinence et arrogance qu'on assiste comment la presse haïtienne, sans honte et sans vergogne, encourage la nation à se comporter en goujats, des mal élevés, des malotrus, des brutes, des impolis......

La presse haïtienne excelle dans l'endoctrinement national, ignorant ainsi les principes élémentaires et les provenances rudimentaires de la communication sociale.

A vous confrères et consœurs, arrêtez votre mépris téméraire de la vérité pour regagner votre crédibilité et votre intégrité ainsi que le but initial de la liberté de la presse. Vous avez droit à votre opinion, mais vous n'avez pas le droit de tordre la vérité pour faire valoir votre opinion.

Haïti rêve d'un journalisme libre comme garanti par la constitution en vigueur, faisons notre travail en toute austérité et commençons à communiquer et à reporter des faits saillants qui éveilleront et stimuleront la curiosité populaire et qui prôneront le civisme fiscal, l'éducation citoyenne, la mobilisation et la participation politique.

L'Ethique de la Presse

La constitution tient fort aussi à la liberté de la presse. Les journalistes sont tenus d'exercer leur fonction dans le cadre de la loi sans contrainte et en toute neutralité. Ils sont libres de reporter des faits, mais ils doivent le faire dans le respect et pour orienter le peuple. La presse informe et éduque et dans certains cas, investigue pour dénoncer, éclaircir et prévenir.

Une mauvaise pratique fait observer qu'il n'y a pas de journalisme en Haïti, il n'y a que des fanatiques, des passionnés, des obsédés et des enthousiasmés dévoués à imposer leurs intentions sur une nation illettrée et en quête de direction sociale et politique qui lui permettrait de se sortir de l'ornière, la grande misère dans laquelle le pays en est plongé depuis plus de 25 années.

Le journalisme en Haïti est au bord de l'échec, face à sa mission d'éduquer, de former, et d'informer la très chère population, et comme résultat le peuple est confus, déboussolé, martyrisé et livré à plusieurs tendances politiques qui ne le conduisent qu'à répéter des erreurs que demain il regrettera.

A l'instar de la politicaillerie haïtienne, la communication est corrompue et divisée en plusieurs tendances. Les différents articles publiés dans les différents journaux et stations de radio, surtout et en particulier à propos des élections, ne reflètent que des intérêts personnels. Si n'aime mieux, les questions posées aux candidats ne démontrent aucune objectivité mais, plutôt, font reconnaitre beaucoup de subjectivité visant à convaincre des esprits retors ou des âmes indécises à se rallier à la cause des journalistes qui travaillent pour assurer leurs avantages socioéconomiques à l'accession de leurs candidats au pouvoir.

La presse haïtienne mérite souvent d'être reprochée pour avoir fourni des informations qui presqu'en rien ne témoignent de la réalité du pays; des informations qui n'ont pas aidé le peuple à prendre des décisions intelligentes, pouvant produire des changements sociaux. La presse a manqué d'être la porte-parole des communautés marginalisées.

Le mauvais fonctionnement de la presse est une raison principale pour laquelle le pays est toujours sur la pente descendante aux enfers. Un segment d'actualité qui n'est pas bien couvert n'est pas du journalisme éthique parce qu'il va à l'encontre des principes de vérité, de rigueur, d'intégrité personnelle, d'honnêteté, d'exactitude, d'objectivité, d'impartialité, d'équité et de responsabilité publique.

Un journaliste de profession est censé être impartial pour que le public puisse se retrouver libre de produire son propre jugement. Par exemple, sur la façon dont le gouvernement dirige le pays et ce que les représentants font dans les Chambres pour donner une voix aux sans-voix, luttant pour la justice sociale, ou défendre le courant dominant afin d'aider tous les secteurs du pays à revendiquer leurs droits et à produire des changements sociaux.

Aussi vrai qu'en maintes fois, un citoyen fait véhiculer de fausses informations ou des informations diffamatoires et aussi que la presse fort souvent est subjective ; il s'avère pourtant inconcevable de restreindre la liberté d'expression. Un gouvernement qui restreindrait la liberté de la presse ou qui oppresserait les journalistes serait qualifié de dictature parce que la presse constitue une force qui assure l'équilibre entre le peuple et son gouvernement.

Du Délit de Diffamation

La publication de fausses informations génère des imputations publiques qui nuisent et endommagent la réputation d'un individu. Selon Jouvencel (2014), Peronne (2010) & Mbida (2012), la propagation de fausses déclarations est qualifiée de délit de diffamation ou diffamation de caractère. La diffamation de caractère se produit quand une fausse déclaration est écrite ou parlée au sujet d'un individu dans l'intention de lui causer préjudice ou pour endommager sa positive posture dans la société.

Le délit de diffamation est une action illégale et inconstitutionnelle. Il est une infraction punie par la constitution en son article 28.2, par la loi haïtienne sur la diffamation de 2014, votée en 2017 en son article 2, et le Code Pénal haïtien en ses articles 313 jusqu'à 323.

De l'avis de plusieurs journalistes haïtiens, la loi sur la diffamation est votée pour limiter et museler la presse et pour nuire à la parole publique tandis que les parlementaires argumentent que cette loi n'est votée que pour protéger les politiques ou pour mettre de l'ordre dans la façon les journalistes s'en prennent aux politiciens (Geffrard, 2014 ; Jean-Baptiste, 2016).

La constitution en vigueur exige que toute information publiée ou diffusée sur une personne soit authentique et exacte et, en aucun cas, ne portera atteinte à l'honneur, la réputation et la considération de cette personne. La loi haïtienne sur la diffamation et le code pénal haïtien définissent un diffamateur comme étant celui qui, soit dans les lieux ou réunions publics, soit dans un acte authentique ou public, soit dans un imprimé, soit par voie de presse ou une transmission par moyen audiovisuel ou par voie électronique aura imputé à une personne physique ou morale des faits qui portent atteinte à son honneur et à sa considération.

La loi haïtienne sur la diffamation indique que les diffamations peuvent être commises par voies de presse nationales ou étrangères, ou par les voies électroniques et pourraient être poursuivies contre ceux qui auraient envoyé les articles ou donné l'ordre de les publier (Jean-Baptiste, 2016).

La révélation de secrets, les injures et les calomnies publiques contre une personne sont aussi qualifiées de délit de diffamation ou de diffamation de caractère (Camilien, 2015). Un individu victime de diffamation de caractère a recours à la justice. Tout crime nécessite un élément matériel, une intention et un impact dévastateur sur une personne ou sur la société (Trochu, 2016). Pour qu'une action de diffamation de caractère soit recevable devant un juge ; il faut prouver au-delà de tout doute raisonnable que les déclarations sont fausses, que l'accusé a fait ces déclarations dans l'intention de nuire ou de salir la réputation de la victime présumée et que ces déclarations ont, en fait, réellement nuit à la réputation de la victime présumée.

C'est facile de prouver que les déclarations contre une personne sont fausses, mais c'est un peu plus difficile de prouver au-delà de tout doute raisonnable que les déclarations causent du tort à la réputation de cette personne (Geffrard, 2014).

Il y a une différence très claire entre une déclaration ayant le potentiel d'endommager la réputation d'un individu et une déclaration qui effectivement endommage la réputation de cet individu (Chombeau, 2016). La diffamation de caractère ne devient crime que lorsque la victime présumée prouve au-delà de tout doute raisonnable que les déclarations lui causent préjudice. La diffamation de caractère n'est pas automatiquement un crime juste parce que des déclarations faites sur une personne sont fausses même si ces déclarations ont le potentiel de causer du tort à cette personne.

Un grand exemple pour vous aider à mieux comprendre. Un client a déclaré que l'hygiène est très mauvaise a Fusée Restaurant ; le restaurant ne jette pas les nourritures laissées dans les assiettes par les clients ; elles sont plutôt redéposées dans les chaudières pour en être revendues à d'autres clients. Moins d'une semaine après cette déclaration, toute la ville en parle et dans moins de deux semaines, Fusée Restaurant a fermé ses portes parce que personne n'y vient pour consommer. Le propriétaire qui s'est senti léser par ces déclarations fait recours à la justice sous prétexte que les déclarations sont fausses et ont ruiné son entreprise.

Un point est clair ; les déclarations ont été faites, les clients arrêtent de venir consommer et les portes du restaurant sont fermées. Pour autant, existe-t-il une relation entre les déclarations et la fermeture ? Les déclarations ont-elles été faites, au-delà de tout doute raisonnable, avec l'imputation publique de nuire à la réputation du propriétaire ? Les déclarations ont-elles, en fait, causé préjudice au propriétaire du restaurant ?

Le propriétaire sera tenu de prouver préalablement que les déclarations sont fausses. Autrement, l'action ne devrait même pas être introduite devant un juge. Elle sera déclarée irrecevable. Et au cas où il apporterait la prouve que les déclarations sont fausses, il aurait aussi à prouver qu'elles ont été faites dans l'intention de détruire sa réputation personnelle ou dans celle de causer des dommages à son entreprise.

Si oui les déclarations ont été faites dans l'intention de détruire sa réputation personnelle, ces déclarations ont-elles effectivement causé des dommages et des préjudices ?

L'avocat de la victime présumée assume la tâche de prouver que la fermeture du restaurant est liée aux déclarations pendant que la défense contrecarrerait par expliquer que la fermeture peut être liée à une mauvaise stratégie de marketing ou une mauvaise préparation des plats.

Camilien (2015) note que les cas de diffamation de caractère sont extrêmement difficiles à prouver au-delà de tout doute raisonnable. La triste vérité est que la réputation doit être ruinée avant que la victime puisse saisir un tribunal pour prendre une décision contre le porteur de déclarations fausses ou mensongères.

De la Liberté de la Conscience

Le droit à la conscience occupe l'article 30 de la constitution en vigueur. Aussi appelé liberté de religion, le droit à la conscience est la liberté du citoyen d'avoir ses propres croyances en matière de religion et de moralité selon ses propres convictions. Tous les citoyens haitiens sont libres de choisir, de professer et de pratiquer leurs croyances, pourvu que l'exercice de ce droit ne perturbe pas l'ordre public. La constitution haïtienne fait injonction à quiconque d'imposer ou de forcer sa propre religion ou ses croyances sur quelqu'un d'autre.

La loi haïtienne établit les conditions pour la reconnaissance et la pratique des religions et des croyances. La constitution ne fait pas mention d'une religion officielle pour Haïti mais pour autant n'y interdit pas l'existence ou l'expansion d'une religion. L'article 30 stipule que toutes les religions et toutes les croyances seront exercées librement. Cet article semble insinuer qu'aucune religion n'est au-dessus de l'autre et qu'elles sont toutes égales devant la loi haïtienne. Cependant, le gouvernement se sert toujours du Christianisme, plus particulièrement du Catholicisme pour les cérémonies officielles. C'est toujours un prêtre catholique qui prononcera l'homélie durant le jour de l'investiture d'un président. Ce sera un prêtre qui conduira les funérailles nationales et officielles et ce sera toujours l'église catholique qui sera choisi pour les Te Deum. Les écoles ne fonctionnent pas pour les saisons de carêmes et d'autres jours qui honorent les Saints pendant que le 14 Août, jour de la Cérémonie du Bois-Caïman n'est pas une fête nationale. Le Christianisme fait partie du curriculum de l'Education Nationale pendant que le Vaudou semble être écarté par la majorité de la nation.

Il est donc concevable de dire que le Christianisme est d'office la religion officielle du pays.

Quoique le vaudou est représenté par un Ati National dans le gouvernement, ses adeptes continuent d'être humiliés et par le gouvernement et par le Christianisme. L'Islam est en train de faire son petit bonhomme de chemin pour s'imposer comme une religion alternative en Haïti. Lorsqu'on parle de la représentation du secteur religion dans le Conseil Electoral, le postulant est toujours choisi d'une liste soumise au gouvernement par l'Ordre Christianisme.

Du Vaudou: Religion d'Acceptation et de Tolérance

Dès que vous pénétrez l'enceinte d'un lakou soit pour assister à une cérémonie, pour faire interpeller un esprit ou pour jeter un sort sur quelqu'un, vous verrez que les rituels du vaudou haïtien sont axés sur le respect des droits humains. Le vaudou haïtien est la parfaite émanation de la promotion de libertés individuelles et l'arôme achevée de la démocratie participative. Ses rituels sont alignés avec le préambule de la Constitution de 1987. Sa philosophie est basée sur l'inclusion, l'harmonie, la tolérance, l'acceptation, et le respect des droits fondamentaux de tous.

En comparaison avec d'autres religions, seul dans le vaudou haïtien, un homosexuel ou une lesbienne est en charge d'un lakou, d'un temple ou d'une habitation. Seul dans le vaudou haïtien, un mineur peut être possédé de grands esprits et peut diriger des séances spirituelles. Seul dans le vaudou haïtien, une femme est à la tête d'une cérémonie. Seul dans le vaudou haïtien, un illettré peut être la personne ayant beaucoup plus de connaissances mystiques, bien évidemment. Seul dans le vaudou haïtien, une prostituée ou une femme enceinte hors mariage n'est pas jugée pour ses choix ou chassée des lakous à cause de ses actions. En effet, le phénomène d'excommunication n'existe pas dans le milieu du vaudou.

Dans la structure du vaudou, tous les adeptes, indépendamment de leur âge, sexe, niveau d'éducation, état civil, ou orientation sexuelle, sont sur le même pied d'égalité. Les adeptes hétérosexuels ne discriminent pas contre les adeptes homosexuels et les mineurs assument de grandes responsabilités. Tous sont considérés suivant leur juste valeur ou leur contribution aux cérémonies en question.

Les vodouisants n'écrivent pas de lois pour leur forcer à respecter les droits de leurs frères et sœurs. Les vodouisants ne prennent pas de décrets pour leur dicter un quota de femmes habilitées à rentrer et servir dans les hounfors.

Le vaudou haïtien réussit où le Christianisme et les autres religions, les sociétés secrètes, le gouvernement haïtien, et les grandes organisations de respect de droits humains échouent dramatiquement. Le Vaudou devance donc les entités et les nations internationales qui se disent prôneuses de tolérance et sermonneuses d'acceptation dans leurs rangs. Le Vaudou haïtien a déjà construit les bases pour une société plus juste qui pourrait bien servir d'exemple à l'Etat Haïtien et la Communauté Internationale dans leur mission de créer un monde où tous les individus sont égaux en mœurs et en droits.

De la liberté d'Assemblée et d'Association

La liberté d'assemblée et d'association pour des objectifs politiques, économiques et sociales est garantie par la constitution en vigueur en son article 31. La liberté d'assemblée et d'association doit être non-armée, paisible, et pacifique. Ce droit fondamental donne au citoyen l'opportunité de constituer, d'adhérer ou d'appartenir à un groupe. La liberté d'assemblée et d'association est aussi le droit du citoyen de refuser d'adhérer à une association. Elle donne au citoyen le droit d'organiser des manifestations, pourvu que le citoyen reçoive l'autorisation préalable de la police.

La formation de partis ou de plateformes politiques est régie par la loi sur la liberté d'assemblée et d'association. En fait, avec la constitution amendée, il est devenu plus facile pour n'importe quel citoyen de former un parti politique pourvu que le citoyen respecte les principes de souverainetés démocratiques et nationales. La loi détermine les conditions de leur reconnaissance et de leur fonctionnement, ainsi que les avantages et privilèges qui leurs sont réservés. Le concept de quota qui veut que toute association soit composée de 30% de femmes est aussi appliquée à la formation de partis politiques.

J'ajouterai que, tout comme la liberté de la conscience où aucun citoyen ne peut être forcé à joindre une religion ; aucun citoyen ne peut être forcé à faire partie d'une association sociale, économique, ou politique. Donc, tout comme la liberté de la conscience, la liberté d'assemblée et d'association est un acte de conviction personnelle et volontaire.

La liberté d'assemblée et d'association donne à la nation le pouvoir de mobilisation politique. La mobilisation politique résulte d'un ensemble d'actions collectives concentrées sur des questions de politique sociale (De Graauw, 2014). Elle est un moyen par lequel les individus forgent des relations sociales durables qui les rassemblent et qui aboutissent à l'enchâssement de la communauté. Elle rallie des individus autour d'une cause pour œuvrer au profit de la communauté. Elle aboutit à un plaidoyer législatif à travers la désignation de projets et l'établissement de connections et aussi le recrutement de leaders influents capables de mener et conduire des efforts de lignes diverses. L'objectif final de la mobilisation est l'application des approches minutieusement calculées concernant les influences politiques pour aboutir à la décentralisation et la déconcentration du processus de la démocratisation institutionnelle.

De la Mobilisation Politique

La mobilisation politique consiste d'actions collectives concentrées sur des questions de politique sociale (de Graauw, 2014). Elle est un moyen par lequel les individus forgent des relations sociales durables qui les rassemblent et qui aboutissent à l'enchâssement de la communauté. Elle rallie des individus autour d'une cause pour œuvrer au profit de la communauté. Elle aboutit à un plaidoyer législatif à travers la désignation de projets et l'établissement de connections et aussi le recrutement de leaders influents capables de mener et conduire des efforts de lignes diverses. L'objectif final de la mobilisation est l'application des approches minutieusement calculées concernant les influences politiques pour aboutir à la décentralisation et la déconcentration du processus de la démocratisation institutionnelle (Bjojwani, 2014).

La mobilisation politique, dans ce contexte, sera un instrument aux mains complet par des associations de bases, les partis politiques et la société civile pour intégrer les communautés dans le processus démocratique. Contrairement aux croyances populaires, la taille ou la population d'une communauté n'équivaut pas à une force politique attractive dans la politique haïtienne. En outre, le nombre de représentants à la législature n'est pas synonyme d'intégration politique et ne fournit pas une représentation politique aux villes qui élisent ces personnages. Les défis de la mobilisation vers l'incorporation politique et la représentation politique ne sont pas un phénomène nouveau dans la politique haïtienne (Wah, 2013).

Cependant, les communautés, plus particulièrement les sections communales, les provinces plutôt, reçoivent de fortes couvertures médiatiques en période d'élections parce que les habitants ont le potentiel d'influencer les résultats des élections.

Bien que de nombreux villes, y compris Port-au-Prince, le Cap-Haitien, les Cayes, St Marc ont réussi à atteindre l'incorporation politique ; d'autres provinces, en particulier les zones les plus reculées des capitales surmontent de visibles difficultés à s'auto-mobiliser efficacement. Ces villes-là, à cause de leur éloignement d'avec Port-au-Prince et à cause d'une carence en ressources humaines sont incapables de lancer et de maintenir les efforts législatifs pour introduire et influencer les décisions politiques à leur profit et d'améliorer les relations diplomatiques entre leurs communautés et le gouvernement central.

Aujourd'hui, plus qu'avant, il est nécessaire pour que les communautés participent dans le processus de la démocratisation haïtienne. Il est nécessaire pour que la politique haïtienne soit décentralisée jusqu'vers les zones les plus vulnérables en vue responsabiliser les communes à prendre en main leur destinée politique. Pour sortir Haïti de cette démagogie chronique, il nous faut la mobilisation politique comme un contrepoids contre les pressions gouvernementales et l'ingérence internationale. Il nous faut la mobilisation politique pour combattre l'immaturité politique et pour mettre en valeur l'éducation civique de la population. Il nous faut la mobilisation politique pour permettre aux communautés d'identifier et de choisir leurs candidats selon des méthodes objectives. Il nous faut la mobilisation pour faciliter l'incorporation des communautés dans la politique de leurs aires d'opérations. Pour que la mobilisation politique soit productive, il faut l'intervention des partis politiques, des associations de bases et du média pour ensemble engager leur audience à travers l'activisme politique et l'engagement communautaire. La mobilisation politique peut aboutir à des changements sociaux qui peuvent transformer chaque citoyen en acteur politique et la constituante en un électorat avisé.

Il est temps de réunir tout le monde autour de la table pour initier les dialogues de politique d'incorporation communautaire afin de promouvoir le concept « Un Haïtien, Un Vote). Il est maintenant temps de mobiliser les gens autour d'un objectif commun, une vision unique et un partage de valeur. Il est maintenant temps pour tous les Haïtiens de prendre leurs responsabilités et leurs résolutions pour le développement de la politique durable dans leurs milieux d'intervention respectifs. C'est maintenant le temps de renforcer les obligations communautaires afin de développer la confiance mutuelle, la compréhension et l'approche d'une unité concertée partant du bas de l'échelle, sur la lutte contre l'indiscipline politique.

La politique d'incorporation communautaire un appel à tous les niveaux relayant organisateurs communautaires, dirigeants locaux, partis politiques, associations de ville, organisations communautaires de base, militants politiques à prendre des initiatives et des obligations autres que celles qui leur sont actuellement assignées. Gagner l'avenir par l'engagement des individus dans la vie politique de leur communauté en posant des actes d'engagement civique et la militance politique systématiques et continues, est nécessaire à faire progresser les principes qui feront grandir chaque communauté d'Haïti.

Maintenant et plus que jamais, en tenant compte spécialement des résultats des élections de 2011 et 2015, la mobilisation politique qui a débuté au niveau communautaire et dirigé par les gens de ces communautés, est nécessaire à concevoir pour évaluer et acquérir une connaissance situationnelle des ignorances politiques de la communauté déshéritée.

La mobilisation politique est nécessaire pour diriger les ressources qui peuvent renforcer le succès à travers le développement de politique communautaire. Maintenant plus que jamais, il s'avère important pour chaque résident de la société communautaire d'assumer ses rôles pour assurer que le peuple haïtien soit représenté de manière descriptive à tous les niveaux politiques.

Du Droit à l'Education et à la Formation

L'Etat a pour obligation de s'assurer que chaque Haïtien ait un logement décent et l'accès à l'éducation à travers la création ou le financement d'établissements scolaires à tous les niveaux de la République. Le gouvernement haïtien assure l'éducation de masses parce que l'éducation est l'outil le plus efficace pour le développement personnel et professionnel. L'Etat fait de l'éducation une de ses axes de développement prioritaires. Appelé aussi droit à la liberté académique, le droit à l'éducation et à la formation à tous les niveaux (du Kindergarten à l'Université) et sur toute l'étendue du territoire est décidé par les articles 32 à 34 de la constitution en vigueur.

L'Etat et les collectivités territoriales sont responsables de la création et de la bonne marche d'établissements scolaires. L'enseignement fondamental en Haïti est gratuit et obligatoire. L'Etat a pour obligation de mettre à la disposition de l'élève toutes les nécessités classiques et tous les matériaux didactiques en vue d'assurer son succès académique.

L'Etat encourage la formation d'écoles privées plus particulièrement au niveau supérieur. De concert ou sous les recommandations des collectivités territoriales, l'Etat applique et finance des campagnes d'alphabétisations des masses.

L'enceinte d'un établissement scolaire est inviolable et le port d'armes à feu ou la présence de soldats et d'officiers de police est formellement interdite. Seul en cas d'infractions, un policier peut pénétrer les enceintes d'un établissement scolaire. Lorsqu'un établissement scolaire est désigné comme bureaux de votes ou comme autres buts fixés par la loi, le port d'arme est autorisé.

De l'Exode des Cerveaux ou Brain Drain

Depuis que Michel Joseph Martelly était devenu président de la République d'Haïti, l'éducation fut placée aux timons de scène politique. Son gouvernement a lancé plusieurs tentatives pour ériger de nouvelles écoles à travers le pays. Sa devise, « C'est par l'éducation qu'une nation est construite », a créé diverses mésaventures idéologiques entre les élus au sein du Parlement. En fait, de nombreuses écoles ont été construites et beaucoup d'enfants ont reçu l'opportunité d'aller à l'école sous sa présidence.

Une société stable et démocratique est impossible sans un niveau minimum d'alphabétisation et de connaissance de la part de la plupart des citoyens et sans une large acceptation d'un ensemble de valeurs communes.

La constitution d'Haïti en vigueur, dans ses articles 32 à 35, fait de l'éducation la responsabilité du gouvernement. Bien qu'un grand nombre d'enfants n'ont pas tirer profit de cette éducation gratuite, ceux qui en ont tiré, le bénéficient au maximum. Ils vont à l'école pour un total de 14 ans gratuitement. Et puis, beaucoup quittent le pays espérant trouver une meilleure vie à l'étranger, drainant le cerveau de la patrie.

Chaque citoyen a le potentiel de contribuer de façon unique et spéciale à sa communauté et chaque citoyen a des obligations envers l'Etat. Nous tous sommes acculés à croire que le gouvernement doit aider ses citoyens à développer leur potentiel éducatif pour devenir des citoyens valables capables de se mettre ensemble pour investir leurs connaissances et leurs savoirs, exprimer leurs propres opinions et nourrir leurs propres idées pour sauver ce qui reste du pays. En outre, nous tous sommes enclins à respecter, accepter et embrasser nos différences et notre devoir comme étant le noyau de base qui créera une démocratie que nous visons.

L'administration des établissements d'enseignement par l'Etat est appelée la « nationalisation du système éducatif ». Avec la nationalisation de l'éducation, l'Etat est au cœur de la poursuite de l'éducation gratuite pour tous. Il devient le seul responsable de la l'éducation en Haïti. Jusqu'à présent, comme nous le voyons, il est très difficile de justifier un budget clair pour soutenir le coût de l'éducation. L'opportunité d'une telle nationalisation a rarement été abordée explicitement. En règle générale, les gouvernements financent la scolarité en payant directement les frais de fonctionnement des établissements d'enseignement.

On a besoin d'un nouveau paradigme pour mieux réaliser la vision de l'éducation gratuite et obligatoire en Haïti. On a besoin d'une alternative qui toujours rend l'Etat responsable, mais où le boursier et l'Etat y tireraient profits. Il faut élaborer un plan stratégique qui, dans son esprit, à conserver le capital humain sans pour autant réduire la migration de l'intelligentsia haïtienne vers les pays étrangers mais qui transformera les investissements de l'État en gains constructifs. Les étudiants attendant les écoles nationales et les lycées, l'Université d'Etat d'Haïti ou toutes écoles sponsorisées par le gouvernement sont automatiquement des boursiers de l'Etat. Donc Haïti est le seul pays au monde où l'éducation de la maternelle jusqu'à l'université est gratuite. En conformité avec la Constitution Haïtienne en vigueur en ses articles 32, 33 et 34 qui stipulent que l'éducation est une charge de l'Etat et des collectivités territoriales, l'Etat Haïtien investie dans l'éducation de ses citoyens. Selon Joseph (2011), plus de 84% de l'intelligentsia haïtienne quitte le pays soit pendant qu'il reçoive ou après avoir reçu leur éducation. Il quitte le pays pour aller utiliser leurs connaissances pour d'autres nations comme les Etats-Unis, la France, le Canada, le Brésil et le Chili alors que leur pays souffre d'un manque de ressources humaines dans divers domaines nécessiteux de développement, tels que l'éducation, le civisme, la politique publique, l'administration, et la production nationale pour ne citer que ceux-là. Ainsi donc, Haïti investie dans l'éducation de ses citoyens mais ne reçoit rien en retour puisque les citoyens qui sont formés en Haïti ne restent pas pour s'investir dans les milieux qui nécessitent leur expertise. L'autre, sur les réseaux sociaux, avait raison quand il a publié qu'en Haïti, le fou devient un artiste, l'artiste devient un politicien, et l'intellectuel quitte le pays.

La migration officielle des Haïtiens vers les étrangers remonte de 1950 et plus particulièrement sous la présidence de Dr. François Duvalier (Wah,

2013). Cette migration a débuté avec l'intelligentsia haïtienne qui, à cause de présumées persécutions politiques ou de faillites d'opportunités professionnelles, était invitée ou encouragée de rentrer aux Etats-Unis par le Président américain John F. Kennedy (Joseph, 2011). Jadotte (2012) et Rousseau (2014) note que la partance forcée des cadres haïtiens vers les terres étrangères est dénommée « Exode de Cerveaux » plus connue en anglais sous le nom de « Brain Drain. »

En 2011, le Département des États Américains a rapporté que près de 15.000 Haïtiens entrent légalement aux États-Unis d'Amérique chaque année. Miller (2006) clamait qu'en 2006 déjà, on comptait plus de 1,5 millions d'Haïtiens aux USA. Ce nombre ne fait qu'augmenter d'année en année spécialement après le séisme du 12 Janvier 2010 où plusieurs Haïtiens qui vivaient illégalement aux USA ont été accordés le Statut de Protection Temporaire (TPS). Durant cette même année soit en 2006, le Canada a aussi publié qu'il y avait près de 250.000 Haïtiens vivant au Canada. Un article publié en 2010 par CBS News a indiqué que près de 150.000 Haïtiens vivent en France. Selon l'Inter Presse Service, plus d'un million d'Haïtiens vivent en République Dominicaine et environ 120.000 sont en Bahamas (BBC News, 2009).

Aujourd'hui encore, cette fuite de cerveaux continue, mais cette fois, elle est volontaire ou l'intellectuel Haïtien est convaincu lui-même que la seule façon pour lui de réussir professionnellement est de quitter le pays. Le peu d'intellectuels qui reste en Haïti assume l'ultime responsabilité de s'investir dans la politique pour redresser l'intégrité politique et la crédibilité de l'administration publique. A part ceux qui travaillent pour le secteur privé, les intellectuels qui vivent encore en Haïti seront plus tard des policiers, des juges, des élus, et des fonctionnaires de l'Etat. L'absence de cadres en Haïti laisse des portes ouvertes pour des organisations étrangères pour rentrer dans le pays en vue de venir imposer leur agenda personnel.

L'Etat Haïtien n'a pas de control sur la migration de ses intellectuels vers les terres étrangères. On se demande aussi si l'Etat a un système de données comportant une liste vivante du nombre d'élèves qui finissent leurs études secondaires ou d'étudiants qui finissent leurs études supérieures. Donc, l'investissement dans l'éducation est perdu sans aucun espoir de le recouvrer ou d'avoir des retombées économiques ou humaines sur cet investissement.

Il devrait exister un contrat entre l'étudiant haïtien, les industries opérant en Haïti et l'Etat Haïtien ; un contrat qui consentirait qu'à tout Haïtien, qui ait attendu une école publique en Haïti et/ou qui a obtenu un diplôme de l'Université d'Etat d'Haïti, soit imposé une taxe de 10% sur son salaire. Au cas où cet étudiant refuserait de payer ces taxes, son diplôme ou sa licence serait confisqué par le Ministère de l'Education Nationale et de la Formation Professionnelle ou par l'Université d'Etat d'Haïti. Il ne pourrait plus professer légalement son métier et la compagnie qui l'aurait embauché ou continuerait de l'avoir en ses auspices, serait imposée une amende de 100.000 gourdes. Et si même après l'imposition de cette amende, n'aurait pas révoqué son contrat avec cet individu, l'amende serait doublée et le propriétaire de ladite compagnie serait conduit devant le Tribunal du Travail pour infraction et ce propriétaire pourrait voir sa licence suspendue même définitivement.

La même régulation s'appliquerait aussi pour les Haïtiens qui auraient laissé le pays après avoir complété leurs études secondaires ou après avoir obtenu leur licence en Haïti aux frais de l'Etat. Ils seraient tenus de payer leurs taxes chaque année et au cas où ils ne désintéresseraient pas le gouvernement, leurs noms seraient remis à l'immigration haïtienne et lorsqu'ils rentreraient en Haïti ; ils seraient obligés de payer leurs taxes avant qu'ils laisseraient l'aéroport ou le pays.

L'Etat formera un fonds d'éducation sur lequel les taxes collectées seront déposées. Ce fonds d'éducation sera géré par une équipe de parlementaires assistée de professeurs choisis par le Ministère de l'Education et de la Formation Professionnelle. Ce fonds serait utilisé pour financer l'éducation des étudiants avec les meilleures performances académiques.

En peu de mots, je propose que ces citoyens qui ont obtenu leur éducation gratuitement en Haïti soient taxés. J'estime que ce groupe devrait avoir signé un accord avec le gouvernement, en payant un certain pourcentage du salaire reçu s'il décide de quitter le pays pour travailler à l'étranger. Ce prélèvement serait appliqué à l'éducation pour aider le pays à réduire l'impact négatif de la fuite des cerveaux sur son développement et son économie.

Je propose également qu'il y ait un Service National Obligatoire (SNO) qui permettrait aux étudiants d'assister à la formation sur le tas dans divers établissements publics ou fédéraux. L'avantage du SNO serait que le gouvernement améliorerait ses capacités de production en permettant aux étudiants d'appliquer leurs connaissances pour améliorer l'organisation sous laquelle ils seraient placés. En retour, les étudiants acquerraient des compétences effectives qu'ils pourraient être en mesure d'appliquer dans le future ou une fois embauchée.

Je serais très peu rationnel et non pragmatique si je ne me demanderais pas si la législation haïtienne est prête à adopter un projet de loi pour transmettre une telle demande?

Haïti est maintenant aux intersections où elle a besoin de l'appui de tous ses citoyens, qu'ils vivent actuellement en Haïti ou à l'étranger, ou qu'ils aient une citoyenneté étrangère. Le gouvernement devrait faire mieux en maintenant les taxes sur les appels internationaux et les transferts d'argent. Le gouvernement doit suivre les Haïtiens vivant à l'étranger au lieu de les rejeter, les impliquer au lieu de les isoler et leur offrir plus d'opportunités au lieu de leur barrer la voix aux élections ou l'entrée aux ministères.

Du Droit au Travail

Le droit du travail est reconnu par la constitution en vigueur en son article 35. Le droit du travail détermine les relations entre l'employé et l'employeur. L'employeur doit fournir des conditions adéquates pour l'employé de travailler en toute sureté ou sans être intimidé. Celui qui travaille doit être recevoir un salaire de son employé. L'employé et l'employeur sont tenus de respecter les contrats de travail même en absence d'un contrat physique. La discrimination sur la base de sexe et d'âge et l'inégalité des salaires sont strictement prohibée par le Code du Travail Haïtien. L'employé est payé en vertu de sa position, mais pas en vertu de son sexe ou de son âge. Le droit du travail garanti l'égalité des conditions et des salaires sans recourir au sexe, croyances, et statut social. La loi fixe le salaire minium. A part le Cash for Work dont le salaire minium n'est pas établit, le salaire minimum varie par industrie. Le Cash for Work (CFW) est une activité humanitaire utilisée par les ONGs dans le but de créer des emplois pour relancer une économie ou une carence d'emploi existe (Sabourin, 2010). Le CFW permet à la main-d'œuvre non qualifiée d'être employée temporairement.

Le Code du Travail Haïtien prévoit des lois spéciales pour le travail et la rémunération des mineurs et des gens de maison. Il prévoit aussi des voies de recours en cas de d'insatisfaction de travail. Si un employé sent ou détermine que son droit est lésé ; il peut recourir aux services des associations ou syndicats ou peut entrer en grève. La grève est reconnue par la constitution et le code du travail haïtien. Les syndicats sont des organisations professionnelles essentiellement apolitiques, non lucratives, non-conventionnelles et non dénominatives. La décision pour devenir membre d'un syndicat est personnelle.

Du Droit à la Propriété

Le droit à la propriété est soutenu par la constitution en vigueur en ses articles 36 à 39. La constitution garantit le droit de propriété personnelle de tous les citoyens. La propriété est le bien sur lequel le citoyen exerce le droit d'user (usus), de profiter (fructus) et d'en disposer (abusus). Les conditions d'user, de profiter et de disposer sont déterminées par la loi.

La loi régit comment un citoyen peut acquérir, jouir, donner, louer, affermer, et vendre sa propriété.

Aussi vrai que la propriété est privée et personnelle, l'Etat peut décider de s'approprier d'un bien pour l'utiliser à des fins publiques. Cette action est dénommée « expropriation domaine public" Par exemple, l'Etat peut déposséder un propriétaire si l'Etat aura besoin du terrain pour bâtir une école. Un tribunal compétent prononcerait sans recours un verdict en faveur du propriétaire et l'Etat serait tenu de verser une indemnité équitable établie à l'avance par une évaluation de la propriété en question.

La propriété en question doit être utilisée à des fins d'utilités publiques pour lesquelles l'expropriation a été consentie. C'est-à-dire si le terrain était retenu pour bâtir une école, l'Etat ne peut pas bâtir un centre de santé quoique le centre de santé soit utilisé à des fins conçues pour favoriser l'intérêt médical et sanitaire de la nation.

La loi protège le citoyen contre l'expropriation injustifiée. La nationalisation, et la confiscation de biens à des fins politiques sont formellement interdites par la Constitution Haïtienne en vigueur. Par exemple, l'Etat ne confisquerait pas un immeuble pour siéger le Conseil Electoral ou un Commissariat, mais l'Etat peut l'affermer ou l'acheter pour conduire les opérations électorales ou de la Police Nationale.

Qu'il s'agit d'expropriation ou de vente, seul un jugement peut forcer le citoyen à vaquer sa propriété.

Un propriétaire a des obligations envers la nation. Sa jouissance doit être exercée suivant l'intérêt général. Il ne peut pas choisir d'incendier sa propriété si cette incendie ira nuire la jouissance et la sécurité du public. La constitution veut que le propriétaire d'un terrain le cultive et le protège contre l'érosion. Défaut de faire est une offense que la loi punit sévèrement.

Un citoyen ne peut pas être propriétaire de ressources naturelles telles que les mers, les sources, les ruisseaux, les rivières, les mines et les carrières. Les ressources naturelles du pays font partie du domaine public.

La constitution reconnait aussi la propriété scientifique, littéraire et artistique. La propriété intellectuelle peut être un ouvrage ou une invention qui résulte de la créativité. Le droit d'auteur et la patente sont des formes de propriété intellectuelle.

Du Droit à l'Information

L'Etat Haïtien s'engage à faciliter l'accès à l'information à travers toutes les plateformes disponibles dans le pays, pourvu que ces informations n'entrevoient pas la sécurité et la défense nationale. Le droit à l'information est garanti par la constitution en vigueur en son article 40. L'Etat divulguera au grand public toutes les lois, décrets, traités nationaux et internationaux. Cette divulgation sera faite en Créole et en Français sur toutes les plateformes médiatiques du pays primordialement dans le journal officiel de la République « Le Moniteur », la Radio Nationale et la Télévision Nationale. La diffusion des activités de l'Etat au grand public est pour assurer que les informations sont bien véhiculées, appréhendées et comprises à tous les niveaux de la République.

Du Droit à la Sécurité Sociale

La sécurité de la personne est garantie par l'article 3 de la Déclaration Universelle des Droits de l'Homme. Elle est un droit à travers lequel l'Etat assume la responsabilité de protéger la capacité politique, économique et sociale de l'individu. La constitution réglemente les conditions d'emprisonnement et d'accès aux tribunaux. Elle assure l'inviolabilité de la liberté et de la confidentialité de la correspondance sous n'importe forme de communication qu'elle soit. Elle protège l'individu contre l'auto-incrimination, les abus d'autorité et l'incarcération illégale. En théorie, les détenus ou ceux qui attendent de comparaitre par devant leurs juges naturels doivent être séparés de ceux qui déjà purgent leurs peines en prison. En bref, le droit à la sécurité est tous ces principes qui ont rapport avec le respect des droits humains. Le droit à la sécurité de l'Haïtien est prévu par les articles 41 à 50 de la constitution en vigueur.

La constitution haïtienne ne reconnait pas l'exil ou la déportation et aucun Haïtien ne peut être dépourvu de sa nationalité pendant qu'il vit en Haïti. L'Haïtien qui vit à l'étranger n'a pas besoin de visa pour laisser ou retourner dans son pays. C'est-à-dire que l'Etat Haïtien ne fournira pas un visa à l'Haïtien, mais l'Haïtien doit se démêler pour obtenir un visa à l'ambassade du pays dans lequel il veut aller vivre ou visiter.

Les Haïtiens doivent avoir un passeport et acheter un visa pour aller vers la République Dominicaine par voie terrestre.

La constitution haïtienne prévoit la formation d'un jury aux cas de crimes violents et politiques. Selon la constitution, la loi n'a pas d'effet rétroactif sauf dans les affaires pénales si elle favorise l'accusé.

La loi haïtienne en son article 49 parle de la confidentialité et la liberté de la correspondance et autres formes de communication. Elles sont inviolables. Vos informations personnelles ne doivent pas être partagées avec d'autres personnes qui ne sont pas sur la base du besoin de savoir.

Votre dossier médical ne peut être vu que par le staff médical qui vous consulte et toutes informations de votre état de santé ne peuvent être partagée qu'avec ceux que vous aurez autorisé. Les compagnies de téléphonie mobile en Haïti, n'ont pas le droit de partager votre numéro de téléphone à aucune entité sans votre consentement. Seule une décision judicaire peut forcer une entité à partager vos informations avec une autre entité.

La constitution en vigueur en son article 48 prévoit aussi un fonds de pension pour les employés. Ce fonds de pension sera alimenté par et l'employeur et l'employé. Ce fonds de pension pourra être collecte par l'employé quand il atteint l'âge de la retraite.

La constitution haïtienne amendée de 2012 reproduit les articles concernant les forces armées d'Haïti quoique les forces armées aient été destituées en 1994 par Jean-Bertrand Aristide et le gouvernement américain sous la direction du Président Bill Clinton.

Des Devoirs et Obligations du Citoyen

Le citoyen haïtien peut être un natif d'Haïti ou un étranger qui a obtenu la nationalité haïtienne. Le citoyen haïtien prête allégeance au gouvernement Haïtien et de ce fait reçoit la protection de gouvernement haïtien. Le citoyen Haïtien a des obligations morales, sociales, politiques et économiques. Les citoyens haïtiens, âgés d'au moins 18 ans ont pour obligations de voter sans contrainte. Ils doivent payer leurs taxes, ils doivent servir comme jurés si choisis pour être membres d'un jury. Ils sont tenus de respecter les droits et les opinions d'autrui même si ces citoyens jugent que les droits des autres sont extrêmes ou contre toute moralité, de rester informés sur les problèmes qui affectent sa communauté, participer dans le processus de la démocratisation, et défendre le pays si le besoin si cela s'avérait nécessaire.

Chaque citoyen Haïtien est un soldat ; en cas de guerre, ils seront obligés de défendre leur pays et seront qualifiés de traitres s'ils en refusent.

L'éducation en Haïti n'est pas un privilège. Il est un droit. Il est aussi une obligation. En ce sens, les Haïtiens ont pour obligations de s'éduquer et de se former. C'est pour cela que l'éducation est gratuite en Haïti.

L'Etat met à la disposition de tous des écoles nationales, des lycées, des écoles professionnelles, et des facultés pour que chacun puisse avoir l'opportunité de s'éduquer et de se perfectionner dans une discipline quelconque.

Tous les citoyens protègeront et respecteront l'environnement, les biens d'autrui et les droits et les libertés individuelles des autres. Ils maintiendront la paix et agiront toujours en bons citoyens en assistant des personnes en danger.

Le citoyen Haïtien bénéficie des droits et privilèges conférés par la constitution haïtienne en ses articles 53 à 57. Il répond aussi à des devoirs et des obligations civiques envers le drapeau, les traditions, les honneurs, la constitution, le pays et sa communauté. Saluer le drapeau, se tenir debout ou mettre sa main sur sa poitrine à l'écoute de l'hymne nationale est une exposition de respect et d'honneur exigée par la constitution.

Chaque obligation est contrebalancée par un droit correspondant. Le terme « obligations » ici implique que toutes les devoirs du citoyen soient obligatoires.

Le citoyen qui ne se contraindra pas diligemment à ses obligations sera puni par la loi.

Aucun Haïtien n'est au-dessus des lois et aucun Haïtien n'est censé ignorer les lois haïtiennes.

DU DROIT DES ETRANGERS

La constitution haïtienne règlemente l'entrée, le séjour et la sortie des étrangers sur l'étendue du territoire haïtien en ses articles 53 à 57. Un étranger est un individu vivant en Haïti sans pour autant avoir la nationalité haïtienne. Il reçoit la même protection et les mêmes privilèges que la loi accorde aux Haitiens sauf le droit de vote, de se porter candidats ou d'être un fonctionnaire de l'Etat. La constitution impose en outre des restrictions de droit de propriété de l'étranger. Il ne peut posséder qu'une propriété par arrondissement. Si l'étranger va s'immiscer dans le commerce ou dans des activités de charité ou humanitaires, la loi lui autorise d'avoir une seconde propriété pour loger sa compagnie ou son organisation.

Sous l'égide de la constitution de 1987, l'étranger n'était autorisé à avoir que deux propriétés dans le pays ; une pour sa résidence et l'autre pour son business. L'étranger ne peut pas jouir d'une propriété qui appartient à l'Etat.

Le droit de la propriété de l'étranger dépend de sa présence physique sur le territoire. Donc il est limité dans le temps. L'étranger perdra son droit de propriété de sa résidence et de son entreprise s'il cesse de résider ou son entreprise cesse d'exister au long d'une période de cinq ans. Dans ce cas, la loi interviendra pour liquider les biens de cet étranger.

L'étranger sera déclaré persona non grata ou sera expulsé du territoire s'il s'interfère dans la vie politique de la nation. La constitution haïtienne, en son article 57, reconnait le droit de l'asile politique de l'étranger.

L'asile est le droit des étrangers de chercher ou de demander refuge dans un autre pays s'ils ont une crainte raisonnable de persécutions ou de menaces dans leur pays d'origine. Ce terme est originaire de civilisations grecques et romaines qui ont alloué à quiconque l'opportunité d'obtenir de la protection de pays étrangers.

Dans les temps anciens et jusqu'à aujourd'hui dans quelques pays, les églises étaient également considérées comme des lieux d'asile. En vertu des lois, quiconque aurait pu pénétrer dans les locaux d'une église aurait droit à une protection parce qu'une église était considérée comme une fondation inviolable. Cependant, le prêtre, avec ses disciples, a eu la latitude de déterminer qui parmi ces échappés, méritent de recevoir ou de bénéficier des protections. Ceux dont les actions étaient de nature criminelle, incestueuse ou ayant commis un délit d'adultère, ont été privés de l'asile et ont donc été livrés aux forces légales pour recevoir le châtiment qu'ils méritaient.

Selon les lois modernes, l'asile est accordé aux personnes qui sont en dehors de leur pays ou à leur résidence habituelle et qui ne veulent pas revenir parce qu'elles craignent d'être persécutées en raison de leur race, leur nationalité, leurs appartenances sociales ou politiques (Déclaration universelle des droits de l'homme, 1948.) Certains pays vont plus loin pour attaquer la charia en accordant l'asile aux femmes dont leurs pays les discriminent sur la base de leur sexe.

Conformément à la Déclaration universelle des droits de l'homme énoncée dans son article 14, l'Organisation des Nations Unies, la Convention de 1951 relative au statut des réfugiés et le Protocole de 1967 relatif au statut des réfugiés; les réfugiés sont des personnes à protéger car, s'ils retournent dans leur pays d'origine ou de résidence habituelle, ils risquent de subir des actes de torture ou de peines cruelles et rigides.

En vertu des traités internationaux énoncés en haut et en vertu de l'article 57 de la constitution en vigueur, un Cubain ou un Américain qui fuit son pays pour des raisons politiques peut obtenir l'asile politique en Haïti. Refuser de protéger un citoyen ou le retourner dans son pays d'origine où il risque d'être persécuté par son gouvernement est une violation de l'article 14 de la Déclaration Universelle des Droits de l'Homme de 1948.

DE LA SOUVERAINETE NATIONALE

La souveraineté nationale est considérée par la Constitution en vigueur au Titre V, Chapitres I à V et articles 58 à 190. La souveraineté est l'autorité politique absolue et suprême qu'un Etat exerce sur son territoire et sur ces citoyens. L'autorité politique absolue et suprême implique qu'un Etat est supérieur à un autre Etat La souveraineté nationale dérive de la constitution pour donner à l'Etat le droit de commander et corrélativement, le droit d'être obéi. Pour qu'un Etat soit souverain, deux ingrédients de droits constitutionnels sont nécessaires ; l'autorité et la territorialité.

La territorialité est un principe par lequel les membres d'une communauté sont définis. Elle règlemente le mouvement et le droit des citoyens à l'intérieur des frontières. Les frontières d'un État souverain ne peuvent en aucun cas être aliénées. Les frontières appartiennent ou sont sous l'autorité suprême de l'Etat souverain et l'Etat souverain est suprêmement autorisés dans les limites de ses frontières. Inutile de dire que seul les Etats libres sont souverains et à tous prix, cette souveraineté doit être protégée, défendue.

L'autorité souveraine est interne et externe. Elle est interne lorsqu'elle est exercée à l'intérieur des frontières. Elle est externe lorsqu'elle est exercée en respect des pays étrangers qui ne peuvent pas interférer avec la gouvernance du souverain. La souveraineté d'un Etat commence où celle d'un Etat finit.

La souveraineté d'Haïti commence avec chaque citoyen Haïtien. Elle appartient au peuple, mais le peuple, à travers des élections, délègue sa responsabilité aux membres des trois pouvoirs de la République. La souveraineté existe à travers la séparation de trois pouvoirs qui sont l'Exécutif, le Législatif et le Judiciaire. Elle repose dans la décantation des collectivités territoriales, la décentralisation des pouvoirs et sous la déconcentration des services publiques de l'Etat jusqu'aux localités les plus éloignées du Palais National. Elle repose aussi sous la durée des mandats et les critères d'admissibilité et les obligations du Président, des Parlementaires, des Maires, des ASEC, des CASEC, des Délégués et Vice-Délégués départementaux, Délégués de Ville, Ministres, Ambassadeurs, Consuls, ou Secrétaires d'Etat.

De la Séparation des Pouvoirs

Le principe de la séparation des pouvoirs est au centre du régime institutionnel qu'établit la constitution en vigueur. La séparation des pouvoirs est un mécanisme de grande sécurité contre la concentration graduelle des pouvoirs entre les mains d'une seule entité. La séparation des pouvoirs consiste à donner à chaque branche du gouvernement les moyens constitutionnels nécessaires pour résister aux empiétements d'une autre branche (Messe, 2009).

Ainsi, la séparation des pouvoirs crée une incitation à collaborer et à coopérer, en diminuant les conflits et en concrétisant une communauté d'intérêts pratique entre les membres des trois pouvoirs. Elle est la matrice de principe fondamentale de la liberté constitutionnelle ou les différents pouvoirs contrôlent les uns les autres pendant qu'en même temps chacun de ces pouvoirs exerce un contrôle sur lui-même.

La Constitution Haïtienne de 1987 émané l'intention des leaders politiques haitiens de créer une République basée sur une aspersion de démocratie participative et non sur un système présidentiel comme il l'a été avant 1987. Les leaders politiques voulaient que les citoyens aient la responsabilité de choisir eux-mêmes les personnes qui feront partie des trois pouvoirs de la République. Ils voulaient qu'à travers les trois branches du pouvoir ; le peuple soit représenté depuis au niveau des sections communales jusqu'au Palais National.

La constitution haïtienne établit une délimitation unique d'autorités et de responsabilités tout en condamnant l'empiétement d'un pouvoir sur l'autre. Chaque pouvoir devrait avoir ses propres responsabilités et travaillerait en toute indépendance. La constitution veut quoiqu' indépendants et séparés, tous les pouvoirs soient sur le même pied d'égalité.

Toutefois il semble que beaucoup plus d'autorités et de responsabilités sont léguées au Parlement pendant que peu de responsabilités sont donnes au pouvoir judiciaire. Ce n'est pas sans raison que les étudiants en droit et tous les avocats chantent à qui veulent les entendre que le pouvoir judiciaire haïtien est traité en parent pauvre.

En fait, le parlement a la responsabilité législative et celle de confirmation des membres du cabinet présidentiel et celles des juges de la Cour de Cassation. Cette délimitation est contraire avec le système des Duvalier ou tous les pouvoirs étaient concentrés entre les mains du Président. Le président est toujours un Quarter back qui dicte aux Parlements et aux Juges tout en distribuant des missions dont les résultats étaient préalablement décidés aux autres pouvoirs.

Le principe de la séparation des pouvoirs est que chaque branche agisse comme une force de poids et de contrepoids contre l'arbitraire.

.

Des Collectivités Territoriales

Les sections communales, les quartiers, les communes, les arrondissements, et les Départements composent les collectivités territoriales. Chaque entité administrative, même la plus petite qui est la section communale, a une représentation politique au niveau du gouvernement. En effet, la section communale est représentée par un conseil d'administration de trois membres élu pour 4 ans (CASEC). Le conseil administratif de la section communale est assistée par une assemblée de la Section Communale (ASEC).

La commune est représentée par un Conseil Municipal de trois Maires élu pour 4 ans. A part les Délégués et les Vice-Délégués nommés par la Présidence et siégeant au niveau des Arrondissements et des Départements. La constitution haïtienne en vigueur établie le concept des Délégués de Ville pour coordonner les relations entre l'Assemblée de la Section Communale et l'Assemblée Municipale.

La commune est aussi représentée par un Député élu aussi pour quatre ans. Le Conseil Municipal a un pouvoir de gestion et d'administration tandis que le Député a un pouvoir de législation. Le Conseil Municipal est assisté dans son travail par une Assemblée Municipale composée d'un représentant de chaque section communale.

La somme des communes donne d'autres divisions administratives dénommées Arrondissements. Les Arrondissements sont politiquement représentés par des Vice-Délégués qui ne doivent pas être confondus avec les Délégués de Ville. Leurs attributions sont différentes. Remarquons que les délégués de ville sont élus par les habitants de villes tandis que les autres sont nommés par la Présidence.

La plus grande division administrative est le Département qui est composé de plusieurs arrondissements et qui est représenté par trois (3) Sénateurs quelle que soit la taille de l'électorat. Le département est assisté dans son travail par une Assemblée Départementale. Chaque Assemblée Municipale de chaque commune choisit un représentant pour siéger et la représenter au niveau de l'Assemblée Départementale. Il y a donc dix (10) Assemblées Départementales puisqu'il y a dix Départements, mais le nombre de représentants venant des Assemblées Municipales varient puisque le nombre de communes et d'arrondissements varie de Département en Département.

Les Députés et les Sénateurs sont des conseillers automatiques des Assemblées Départementales. Ils siègent dans les rencontres, mais ils ne peuvent pas décider. Chaque Assemblée Départementale choisit un représentant pour siéger au niveau des Assemblées Interdépartementales. En dépit de l'effectif des Assemblées Départementales, la constitution n'exige qu'un Représentant Départemental soit choisi pour former les Assemblées Interdépartementales.

Les Assemblées Interdépartementales travaillent de concert avec l'Exécutif pour étudier et planifier des projets de décentralisation et de développement du pays du point de vue social, économique, commercial, agricole et industriel.

En peu de mots, la somme des sections communales donne une commune, la somme des communes donne un arrondissement, la somme des arrondissements donne un département, et la somme des Départements donne le pays tout entier. Dans chaque commune on trouve un Conseil Municipal et une Assemblée de Sections Communale. La commune est représentée par des cartels de Maires, de CASECs, de Délégués de Ville. Les représentants municipaux forment l'Assemblée Communale en choisissant un représentant entre eux. Les Arrondissements sont représentés par des Délégués et des Vices-Délégués et les Départements par trois Sénateurs. Les membres des Assemblées Municipales forment les Assemblées Départementales et les représentants des Assemblées Départementales forment les Assemblées Interdépartementales. Lorsque les deux branches du Parlement se rencontrent ; ils forment l'Assemblée

Nationale. Cette structure ne vise qu'à la décentralisation qui n'est autre que la distribution des pouvoirs de la République.

De la Décentralisation et de la Déconcentration

La décentralisation est une distribution des pouvoirs de la République jusqu'aux plus petites entités administratives dispersée à travers le pays. Grace à la décentralisation, les entités administratives reçoivent l'autonomie politique, administrative et financière. Elles gagnent l'opportunité de s'auto-administrer et de s'auto-structurer sans l'intervention du pouvoir central.

En Haïti, tous les pouvoirs de la République sont combinés entre les mains du Président. La constitution haïtienne plaide pour une attribution de ces pouvoirs comme un changement de paradigme dont Haïti a besoin pour promouvoir le changement social durable. La décentralisation entraine la déconcentration des services publics du gouvernement central dans tout le pays. La déconcentration impliquerait que tous les services publics qui existent à Port-au-Prince existent aussi dans les villes de provinces. Par exemple, il est vraiment inconcevable que le citoyen qui vit à Léogâne doit aller à Port-au-Prince pour faire un passeport ou un permis de conduire. La décentralisation et la déconcentration n'ont autre effet que de mettre le gouvernement plus près de la nation.

La décentralisation distribue les pouvoirs du président aux gouvernements locaux et la déconcentration décongestionnera la capitale par l'extension des services de l'Etat dans les provinces. Les services de la Direction Générale des Impôts et l'existence des tribunaux, des commissariats et des sous commissariats dans tous les coins d'Haïti font preuves d'un brin de déconcentration, mais la décentralisation jusqu'à présent reste une utopie en Haïti quoiqu'elle est prévue par la constitution en vigueur.

Peut-être, ai-je constaté, Haïti sera déconcentrée avant même qu'elle sera décentralisée.

Compte tenu de la situation panoramique actuelle d'Haïti, où les ressources, la logistique, les compétences intellectuelles et les talents, etc. sont rares et presque inexistants au niveau des collectivités ; la décentralisation et la déconcentration du pays pour responsabiliser les collectivités à fonctionner en toute indépendance du gouvernement central sera confrontée à des difficultés énormes. Le gouvernement central sera obligé d'étendre ses ressources limitées aux communes.

Conformément à l'article 87.4 de la Constitution actuelle, la déconcentration est l'ingrédient qui complète abondamment la décentralisation dans la mesure où elle assure que les services publics existant à Port-au-Prince existent aussi dans toutes les communes afin d'éviter que les résidents de provinces aillent à la capitale pour effectuer des transactions de base.

L'organisation d'élections en Haïti constitue un bon exemple de décentralisation qui s'intègre efficacement avec une déconcentration; les résidents de toute section communale sont en mesure de voter dans leurs localités ou dans un rayon de 25 kilomètres de leurs maisons. Un autre exemple peut être l'ancienne armée d'Haïti ou même la Police Nationale d'Haïti, qui était ou est présente partout en Haïti.

Le message de ce système d'aménagement de pouvoirs et de distribution de services publics est que le gouvernement central place sa confiance en ses subalternes qui ont pour mission de gérer les affaires de leurs communes, donnant donc au Président le temps de s'occuper des affaires de grandes importances. La décentralisation responsabilise la gouvernance locale. La déconcentration responsabilise les fonctionnaires publics de la commune. Tous deux opèrent comme un acte d'investir dans la commune et en ses résidents.

Les problèmes de la commune sont enracinés dans une centralisation excessive et la complaisance généralisée du gouvernement qui veut être partout en même temps et qui veut être impliqué dans tous les secteurs sociaux, politiques et économiques du pays. Le Gouvernement Central est déjà bien établi pour constituer un cadre pour l'autonomisation des autorités locales à s'acquitter de leurs responsabilités en vue d'assurer le développement communautaire. L'adoption d'une approche juste, honnête et réaliste qui reconnaît les autorités locales en tant que partenaires responsables est aujourd'hui un passage obligé.

Comme il est mentionné en haut, la décentralisation crée des institutions politiquement distinctes et autonomes, mais pas indépendantes du gouvernement central tandis que la déconcentration crée des institutions administrativement liées à l'administration publique. Aussi vraie que la réalisation de ces deux notions demeure une utopie, les principes de bases sont déjà établis pour la délégation des pouvoirs du président et l'expansion des services de la capitale vers les communes d'Haïti. La principale différence entre ces deux notions est que la décentralisation est liée à la politique tandis que la déconcentration est liée à l'administration publique.

Les communes sont dirigées par un cartel de Maires et leur sécurité est assurée par la Police Nationale et des Tribunaux de Paix. Les Mairies, les CASEC et les ASEC sont des institutions décentralisées et les Commissariats, les Tribunaux de Paix, les Bureaux de la Direction Générale des Impôts (DGI), les Bureaux d'Etat Civil, etc. sont des institutions déconcentrées dans le sens où les Maires et les policiers et les autres sont des fonctionnaires publics représentant l'Etat Central auprès des résidents locaux.

La constitution veut que les communes jouissent d'autonomies administratives et financières, mais elle ne prévoit pas leur autonomie politique. C'est pour cela qu'il existe au moins une satellite d'un service public dans chaque commune, mais les Maires n'ont aucune autorité politique sur ces institutions puisque les fonctionnaires sont nommés directement par le gouvernement central à travers leur Ministère respectif.

En pratique, les communes ne sont pas autonomes car les taxes collectées sur les Impôts Locatifs ne sont pas utilisées pour la rémunération des fonctionnaires ou investis dans le développement des communes. Les salaires des Maires viennent du Ministère de l'Intérieur et de la Défense Nationale, celles des Juges et des Policiers viennent du Ministère de la Justice, etc.

Une commune décentralisée et déconcentrée donnerait aux Maires l'autorité de prendre des décisions pour apporter de nouvelles taxes dans leur commune et celle d'administrer les services publics sans que le gouvernement central influence directement la direction des revenus.

Des Mandats des Elus de la République

En Haïti, la durée du mandat des fonctionnaires de l'Etat est prévue par les articles 63, 68, 92, 78 et 134 de la Constitution de 1987. Il est de quatre ans pour les Conseils d'Administration des Sections Communales (CASEC), les Assemblées des Sections Communales (ASEC), les Maires et les Députés, six ans pour les Sénateurs et cinq ans pour les Présidents. Tous ces postes, à l'exception de celui du président peuvent être réélus un nombre illimité de fois.

Les mandats dans les fonctions publiques ont pour objectif de garantir la diversité et la compétition dans la gouvernance, allouant de nouvelles classes de politiciens à rentrer en fonction tous les quatre ans au moyen. Il s'assure aussi que les élus restent concentrer sur leur gouvernance au lieu d'être en constantes modes de campagnes électorales.

Le mandat constitutionnel déclasse l'ancienneté, réduit la concentration des pouvoirs entre les mains d'un réseau de politiciens traditionnels, favorise la méritocratie et crée une mentalité exhortant le service plutôt qu'une carrière. D'un autre côté, ils violent la volonté de la nation qui pourrait bien aimer réélire la même personne au pouvoir. Il incarne aussi une perte d'expertise en expériences législatives et engendre une relève dont la carence en matière de bien-être social et de gestion des intuitions publiques. Toutes nations démocratiques fixent la durée des mandats de leurs fonctionnaires publics. Les mandats sont des provisions légales prévues par des constitutions populaires.

L'article134 de la Constitution stipule que nul ne peut être élu président d'Haïti plus de deux fois et aucune personne qui détient ces bureaux ne peut briguer deux mandats consécutifs. Il est important de comprendre la limite du mandat présidentiel comme étant une restriction constitutionnelle à deux volets; tout d'abord, il y a une période de probation de cinq ans que les présidents doivent subir avant d'être admissibles à se présenter pour un second mandat et, deuxièmement, ils ne peuvent pas servir plus de deux mandats, ce qui signifie qu'en aucun cas un troisième mandat est permis.

Si les Présidents ne sont pas autorisés à briguer deux mandats consécutifs ou d'autres mandats, il n'en est pas de même pour leur parti politique. L'article 134.3 n'empêche pas que les mêmes partis continuent de participer aux élections. Ce fut à cette fin que le Parti Fanmi Lavalas ait put gouverner le pays pour environ 20 années avec Jean-Bertrand Aristide et René Préval élus deux fois respectivement.

L'un des rôles clés de la politique générale d'un Président est d'établir des stratégies détaillées pour l'administration efficace des organismes gouvernementaux. Sa politique, si populaire, devrait survivre même après la fin de son mandat pour être mise en œuvre par ses successeurs en dépit de leur credo politique. C'est le principe de la continuité qui s'assure que les programmes sociaux continuent d'être appliqués même après que leurs promoteurs ne soient plus présidents, permettant aux gens de continuer à bénéficier des retombées de ces programmes. Historiquement en Haïti, à cause de cette limite du mandat présidentiel, les bonnes et démocratiques politiques de protection sociale et de bien-être économique s'évaporent dans l'oubli et de nouveaux agendas politiques viennent tous les cinq ans, ce pour mettre le pays dans un continuel renouvellement au mépris de la réalité que vit la nation.

Une pléthore de théories consent que la durée du mandat présidentiel est nécessaire pour promouvoir la diversité dans la gouvernance et pour faciliter la politesse démocratique. Elle existe pour cultiver l'alternance des pouvoirs et des transitions démocratiques et à accroître la participation maximale de la nation aux élections. Toutefois, une autre génération de théories clame que c'est une mauvaise démocratie pour le pays sous prétexte qu'elle engendre une perte d'expertise et de sagesse politique et elle engage les présidents dans une lutte de survie politique. En 2007, René Préval a déclaré que la durée du mandat présidentiel, plus particulièrement la période de probation de cinq ans est à l'origine de la longue instabilité politique du pays puisque qu'elle oblige que les présidents soient remplacés dès qu'ils commencent à acquérir la maturité politique aussi bien qu'elle dénie au peuple le droit démocratique de voter autant de fois qu'il veut pour le candidat de son choix ou pour le candidat qui est en train de bien gérer les actifs de l'Etat.

La théorie qui se démarque le plus est celle qui soutient qu'une telle restriction constitutionnelle diminue l'efficacité des présidents de poursuivre et de renforcer les relations étrangères, obstrue la mise en œuvre continue des politiques générales, et enlever la probation de cinq ans ou de permettre aux présidents de servir plus que deux termes ou indéfiniment, peut potentiellement aboutir à une démocratie utile et nécessaire en Haïti.

De son Impact sur la Politique Publique

Cette théorie dérive du constat direct que les dirigeants haïtiens sont tellement obsédés par le pouvoir qu'ils font de la politique, non pas pour servir le public, mais pour en faire une carrière. Pour expliquer la théorie ci-dessus, il est impératif de tenir compte du comportement des présidents au cours de leur premier mandat et de leur comportement à l'approche de la fin de leur second mandat. En outre, il est impérieux de prendre en compte leurs relations d'avec la Communauté Internationale qui négocie avec eux, pas en raison de leur popularité, mais en raison de combien de temps ils seront au pouvoir.

Au cours de leur premier mandat, les présidents concentrent la majorité de leur temps à faire bonnes impressions sur le public et sur la communauté internationale. Sachant qu'ils veulent à tout prix conserver le pouvoir, ils font germer un meilleur ami ou un membre de leur parti pour les remplacer ou à tenir le flambeau pour eux pendant qu'ils feront campagnes et restent influents dans la politique derrière la scène durant leur période de probation. Ce fut le cas de Fanmi Lavalas qui a remporté les 20 dernières années des élections. N'était-ce pas à cause d'une question de forme ou de technicité dans la loi électorale qui a exclu Fanmi Lavalas des joutes électorales de 2011, encore aujourd'hui, Fanmi Lavalas aurait continué à remporter les élections présidentielles.

Autrement dit, au cours de leur premier mandat, les présidents sont en mode de survie politique dans le sens qu'ils restent en mode de campagnes constantes. Notons que le premier terme est le moment où la nation devrait obtenir plus de leurs dirigeants puisqu'ils sont plus disposés, aussi bizarre que cela semble, à se mettre au service du peuple. Toutefois, dès qu'ils ne sont plus Présidents, leurs politiques nationales, qu'elles transpirent l'équité, l'émancipation, l'autosuffisance ou qu'elles soient injustes, cessent d'être mis en œuvre par leurs successeurs.

Par conséquent, la nation est dérobée des chances de récolter les recettes économiques des programmes sociaux. En résumé, les limites du mandat présidentiel, spécifiquement, la période de probation de cinq années, affecte la continuité dans l'administration publique, elle affecte la gestion des institutions gouvernementales et elle affecte l'implémentation des programmes sociaux en raison que de bonnes politiques s'évaporent, cédant donc la place à de nouveaux agendas politiques ; le pays demeure dans un renouvellement continuel de politique générale.

De son Impact sur la Diplomatie

Le Président de la République d'Haïti est constitutionnellement autorisé à être à l'avant-garde de la politique étrangère de la nation. En tant que tel, il négocie et signe tous les traités internationaux, conventions et accords (art. 139.1). Très souvent, si ce n'est pas toujours, ses décisions, bonnes ou mauvaises continuent d'exister au-delà même de son dernier mandat. Approchant de la fin de son mandat, la communauté internationale le considère déjà comme un canard boiteux et se porte réticente à négocier avec lui, car il est en train de perdre le soutien du parlement et de celui du peuple.

Le gouvernement de Préval a lancé des programmes qui ont capté la générosité de l'Organisation des Nations Unies, convaincue que finalement Haïti était prête à rentrer dans le concert des grandes nations démocratiques. A cet effet, elle a investi dans plusieurs projets de développement et a été physiquement présente pour canaliser les fonds et même orienter les tournants de la politicaillerie haïtienne. Cependant, moins de sept mois de la fin de son mandat en 2010 et, bien que le pays se remettait d'un tremblement de terre cette même année, l'ONU a catégoriquement démontré qu'elle ne voulait plus négocier avec René Préval pour l'assistance humanitaire. Elle a négocié directement avec le Premier ministre, M. Jean-Max Bellerive et fort souvent avec les diverses Organisations Non-Gouvernementales (ONG) dispersées à travers le pays. En fait, le président américain a déclaré que la Croix-Rouge était la seule entité autorisée à recueillir des fonds humanitaires pour Haïti.

De son Impact sur la Démocratie

La démocratie est un système politique où [tous] les membres participent au processus de prise de décision, où le gouvernement protège et garantit les droits de l'homme, et où tous les hommes ont accès égal et équitable aux ressources du pays, ce pour élever la production nationale et éloigner le citoyen vers la dépendance du gouvernement. La limite du mandat présidentiel affecte la liberté d'expression et la capacité de la population d'élire autant de fois qu'elle veut le candidat de son choix.

En d'autres mots, les présidents ne sont pas autorisés à servir indéfiniment pendant qu'il n'y a aucune restriction de ce genre pour les membres des CASECs, des ASECs et pour les Maires, les Députés, et les Sénateurs. Cette restriction vise à empêcher que les pouvoirs restent concentrés entre les mains d'un clan de politiciens pour plus de 10 ans. Pour plus d'un, elle est la manifestation absolue de la politesse démocratique dans la mesure où elle assure des transitions de gouvernements menant à des leaderships nouveaux. Pour d'autres, elle est la suppression la plus fragrante des respects des droits civiques de tous ceux qui aspirent à devenir Présidents ainsi que la violation des libertés d'expressions des électeurs dont l'opportunité de reconduire leurs Présidents consécutivement ou les élire pour plus de deux termes est atrophiée par la Constitution. De ce fait, l'article 134.3 de la Constitution d'Haïti de 1987 doit être amendé afin de laisser la décision si un président mérite un troisième, quatrième, ou un cinquième mandat voté par la nation elle-même.

De l'Assemblée Nationale

Le parlement est formé de deux chambres ; la chambre des Députés (appelée aussi Chambre Basse) qui contient autant de Députés qu'il y a de communes. La loi fixe à trois (3) le nombre de députés au niveau des grandes agglomérations. En attendant que cette prescription rentre en application, il ne peut pas y avoir moins de 70 Députés au parlement. Les élections de 2015 ont rentré 119 Députés au Parlement. Les Députés sont élus pour quatre ans. Outre les devoirs qui leurs sont conférés par la Constitution, la Chambre des députés assume l'obligation d'instruire le Chef de l'Etat, Le Premier ministre, les ministres et les secrétaires d'État devant la Haute Cour De justice, à la majorité des deux tiers (2/3) de ses membres.

Le Sénat (appelée aussi Chambre Haute) est la deuxième branche du Corps Législatif. Les Sénateurs représentent les Département. Elus pour six ans, il y a trois par Département. En comparaison à la Chambre des Députés, le Senat n'est jamais en vacances, cependant, il peut recourir à l'ajournement, pourvu que la Section Législative ne fonctionne pas. Si les Sénateurs décident d'ajourner, ils doivent laisser un comité, sans droit de décision, pour gérer les affaires courantes. Les Sénateurs sont renouvelés par tranche de dix tous les deux ans.

Le parlement a la responsabilité législative et celle de confirmer des membres du cabinet présidentiel et celles des juges de la Cour de Cassation. En outre d'exercer tous les autres pouvoirs qui lui sont attribués par la présente Constitution et par la loi, les pouvoirs du Sénat sont de De proposer à l'Exécutif la liste des juges qui feront partis de la Cour de Cassation, se constituer en Haute Cour de Justice.

La réunion des deux chambres pour ouvrir ou fermer les cas à elles conférés par la constitution et la loi, s'appelle Assemblée Nationale. L'Assemblée Nationale est présidée par le Président du Sénat assisté de Président de la Chambre des Députés. Toutes décisions de l'Assemblée Nationale est approuvée par la majorité des deux Chambres.

Les membres du Corps Législatif bénéficient de l'immunité parlementaire. Ce qui veut dire qu'en aucun cas, ils ne peuvent être arrêtes ou mis en prison sans l'autorisation du président de la chambre de laquelle il est membre. En cas d'arrestation d'un parlementaire, la police doit saisir la Chambre des Députés ou le Sénat pendant qu'elles sont en session.

Du Pouvoir Judiciaire

Lorsque vous imaginez que tous les greffiers, les juges, et les commissaires à tous les niveaux du pouvoir judiciaire sont nommés par l'Exécutif, ce n'est pas un tort ou une honte de carillonner que le pouvoir judiciaire est traitée en parent pauvre. Les citoyens ne sont donc pas représentés au sein du pouvoir judiciaire, c'est plutôt l'exécutif.

Le pouvoir judiciaire dans tout pays joue l'important rôle de prévenir l'anarchie. La recherche et le service de justice sont essentiels pour maintenir la paix dans toute communauté.

Le système juridique de tout pays est constitué de représentants qui supervisent et agissent au nom du système dans le but de rendre la justice. La définition d'un bon système juridique dépend des acteurs du système eux-mêmes. Les tribunaux de tout pays servent à punir les mauvais actes et comme dernier élément d'espoir aux victimes de violences, crimes et autres formes d'injustices. Il est donc obligatoire que le cadre judiciaire haïtien soit constitué avec des individus qualifiés et respectueux de leur niveau d'intégrité.

Pour faire respecter les principes, il ne peut y avoir de meilleure voie que de conduire une élection au sein d'une communauté donnée. Les communautés méritent d'être desservies par des juges qui leur inspirent confiance et qui assurent que leurs intérêts seront satisfaits de juste manière. C'est simplement logique et juste que les communautés sont appelées à voter pour établir dans les bureaux des individus qui détiennent une saine réputation.

Les Juges nommés par les responsables politiques se sont révélés pour la plupart corrompus et ont été quelquefois aux services des intérêts des politiciens ou d'autres individus. Les communautés n'accorderont jamais confiance à un système aussi corrompu. Elire les juges fournissent un espace de refus à l'interférence du politique. Il y a en ce sens très peu de chance que les politiciens puissent interférer dans le processus électoral au sein d'une communauté spécifique. L'absence d'interférence politique dans un système juridique aide à acquérir l'efficacité et l'indépendance judiciaire. Les juges sont par ailleurs des fonctionnaires publics qui sont responsables devant le public dans l'exercice de leur mandat. A cet effet, le meilleur moyen d'assurer la bonne marche de tout système juridique est de faire passer les juges aux élections. Les élections assureront que les juges agissent pour le bénéfice des citoyens et non pour le compte du gouvernement.

Il en est de pratique que seuls des gens qui sont alignés avec le gouvernement en place soient éligibles à servir comme juges ; une telle pratique politique trahit les démarches pour établir les principes démocratiques du pays aussi bien qu'elle traduit l'emprise du gouvernement sur la branche juridique, une pratique qui est à l'opposé du principe de la séparation des pouvoirs. En sélectionnant les Juges, spécialement les Commissaires, les Juges d'Instruction, les Juges Administratifs, les Juges d'Appel et de la Cour Suprême, le gouvernement écarte le peuple de sa participation dans la branche juridique de gouvernance (Article 177 de la Constitution de 1987). Comme résultat, les Juges sont redevables envers leurs désignateurs et ne servent point la communauté. Et leur loyauté envers le gouvernement, alimentée par le désir de garder leurs fonctions, obstruent leur capacité de demeurer impartial et augmente leur pouvoir à nourrir les tendances politiques. Ils rendent plutôt des décisions politiques tendancieuses et souvent recourent à de la tergiversation pour initier des poursuites légales contre les criminels notoires du pays.

Le principe général est que les Juges se basent sur la loi et non sur le calendrier politique pour qu'ils demeurent indépendants et sans préjudice au tribunal. Les données historiques du pouvoir judiciaire en Haïti prouvent, à maintes reprises, que ce principe n'est pas de rigueur dans le système judiciaire où les juges agissent en tant que politiciens, défendant des intérêts particuliers, au lieu de fonctionnaires défendant des questions sociétales, quoiqu'ils ont juré de protéger les droits de tous les citoyens, en toute indépendance de leurs appartenances politiques et de leurs statuts économiques.

A travers le processus de nomination, les pouvoirs restent à la portée des mains du gouvernement et non celles du peuple qui a besoin de protection du gouvernement et des officiels du gouvernement. En cas de violations des droits humains, le peuple n'a pas la capacité d'engager des poursuites contre le gouvernement, à moins que le gouvernement lui-même l'autorise.

Je m'oblige à faire remarquer que la justice haïtienne fonctionne selon les vœux et les directives du pouvoir exécutif. Dans un régime démocratique, le peuple devrait avoir le droit de conduire des poursuites devant le tribunal de son choix sans l'interférence du gouvernement.

Le mandat judiciaire dépend de la longévité du gouvernement qui l'a sélectionné. Aussi bien, les nommés peuvent-ils abuser de leurs pouvoirs pour rester en fonction, autant qu'ils apportent satisfaction à leurs pourvoyeurs dans l'exécution de leurs agendas. Le peuple doit attendre d'autres régimes pour voir d'autres visages dans les tribunaux.

Pour remédier à ce mépris flagrant des principes de base de la démocratie et ceux de la séparation des pouvoirs, le peuple devra élire les Juges. Les élections retiendraient les politiques hors de la branche juridique et placer des gens qualifiés qui resteraient loyaux au peuple qui les consultera quotidiennement.

Les nominations rendent les Juges redevables envers les politiciens tandis que les élections les responsabilisent au nom de la justice. Les juges politiciens ont tendance à produire des décisions arbitraires et idiosyncrasiques comme responsables, ils prennent des décisions fondées sur des intérêts publics sans renoncer aux pressions politiques, mais de se contrer sur l'arbitrage des questions sociales.

De la Haute Cour de Justice

La Chambre du Sénat s'érige aussi en Haute Cour de Justice. La Chambre des Députés, avec une majorité de 2/3 de ses membres, a la responsabilité de mettre en accusation, devant la Haute Cour de Justice, le Président, le Premier Ministre, les Ministres, le Protecteur du Citoyen, les membres du Conseil Electoral, membres de la Cour Supérieure des Comptes et du Contentieux Administratif, les juges de la Cour de Cassation, et les Commissaires du Gouvernement pour des crimes de haute trahison, blanchiment d'argent, abus de pouvoir ou tous crimes commis dans l'exercice ou relatifs à l'exercice de leurs fonctions.

La Haute Cour de Justice est présidée par le Président du Senat assiste par le Président et le Vice-Président de la Cour de Cassation comme Vice-Président et Secrétaire respectivement. Si la violation implique un juge de la Cour de Cassation, l'accusé choisira un ou deux autres Sénateurs pour remplacer le Vice-Président ou le Secrétaire. Dans ce cas, les sénateurs choisis par l'accusé n'auront pas le droit de vote.

La décision de la Haute Cour de Justice prend la forme d'un décret et est rendue sur le rapport de la Commission d'enquête par une majorité des deux tiers (2/3) des membres de la Haute Cour de justice.

Les membres formant la Haute Cour de Justice jurent devant Dieu et devant la Nation de juger avec impartialité et la fermeté appropriée à un homme honnête et libre, selon leur conscience et leurs convictions profondes. La Haute Cour de Justice n'a pas d'obligations pénales. Elle ne peut que disqualifier ou priver l'accusé de jouir de ses droits civiques pour au moins et pas plus que 15 ans. Toutefois, le cas peut être référé à un tribunal pénal qui entendrait le cas pour donner justice a qui justice est due. Le procès à La Haute Cour de Justice va au-delà de la session législative c'est-à-dire que les membres de la Haute Cours de Justice n'iront pas en vacances avant qu'un verdict ne soit rendu.

DU PLAIDOYER POUR L'HAITI DE DEMAIN

Pour déclouer le peuple de cette crise économique précaire et l'affranchir de l'ingérence internationale conduisant vers l'esclavage moderne, l'Etat d'Haïti a besoin de stratèges militaires dont le style politique incarnerait l'audace diplomatique de Toussaint Louverture, l'arrogance xénophobe de Jean-Jacques Dessalines, la bravoure révérencieuse de Capois-la Mort, la hardiesse insolente de Rosalvo Bobo et l'intrépidité galante de Charlemagne Péralte.

Peut-être ce ne fut pas assez que les esclaves s'étaient faits marrons en signe de rébellion contre les mauvais traitements des blancs de l'Espagne, de l'Angleterre et de la France. Peut-être ce ne fut pas assez qu'ils étaient considérés comme des biens meubles, troqués, donnés en cadeaux, et forcés à être attachés aux terres jours et nuits. Peut-être ce ne fut pas assez que leurs filles, leurs mères, leurs sœurs et leurs femmes aient été battues et violées sous leurs yeux.

Peut-être ce ne fut pas assez que les héros de la guerre aient juré que les terres dont leurs sueurs ont arrosé, devraient appartenir à leurs progénitures et qu'il n'y avait pas assez d'air sur ces terres pour respirer et pour partager avec les Européens. Peut-être ce ne fut pas assez que Dessalines, Capois la Mort et Toussaint aient lutté pour l'indépendance d'Haïti ; une indépendance qui n'était pas basée sur une déclaration, mais sur des actes de valeurs héroïques et de stratégies politiques. Peut-être ce ne fut pas assez que Rosalvo Bobo, Charlemagne Péralte aient continué la lutte pour conserver les acquis de l'Indépendance et pour repousser les Américains sur la terre des héros de l'indépendance. Peut-être ce ne fut pas assez que pour plus de 200 ans, les haïtiens n'arrêtent pas de dire au monde qu'ils sont un Etat souverain, un peuple fier, et une nation démocratique.

Si ce fut assez, pourquoi aujourd'hui, l'histoire d'Haïti se répète au sens que le peuple haïtien continue d'être sous la tutelle de ces mêmes forces qui plus de 200 ans de cela, avaient versé son sang et l'avaient traité comme un bien meuble qu'ils pouvaient vendre, troquer, ou donner comme cadeaux ? Pourquoi les haïtiens continuent encore de se laisser guider par ces mêmes nations que les héros ont chassé des terres du pays ? Pourquoi jusqu'à aujourd'hui, il manque de leadership pour répliquer les œuvres de bravoure de nos aïeux ; ces aïeux qui ont primé la patrie sur l'argent ; ces aïeux qui étaient décidés à mourir envelopper dans le drapeau haïtien au lieu de vivre sous l'occupation étrangère ? Pourquoi pas un Haïtien qui combinerait en lui les valeurs intrinsèques de plusieurs des ancêtres ?

N'était-ce pas les ancêtres qui avaient juré ce 1er janvier 1804 de vivre libres ou de mourir ? N'était-ce pas eux qui avaient crié qu'il nous faut la peau d'un Blanc pour parchemin, son crane pour écritoire, une baïonnette pour plume et son sang pour encre ? C'était le plus beau discours qu'un peuple ait pu avoir et un discours que nul autre peuple n'aura jamais. Ce discours introduit pour le peuple haïtien le serment de proroger l'écriture de l'histoire d'Haïti et de se servir désormais de l'étranger pour remplir les pages d'histoire de faits glorieux et d'actions audacieuses.

Où sont donc ceux qui ont péri en luttant pour la libération des frères esclaves en ce moment où le pays a besoin de leaders conséquents pour orienter cette jeunesse qui, aujourd'hui devient des étrangers égarés sur le sol d'Haïti ? Où sont donc ces modèles d'hommes politiques à ce moment crucial de l'histoire où les valeurs politiques du pays sont en voie de disparition ? Où sont donc ces nationalistes d'antan au moment où nos politiciens méritent être formes sur le civisme et su la moralité. Où sont donc Jean-Jacques Dessalines et Toussaint Louverture à ce moment où les forces étrangères s'accaparent de la fierté et de la dignité du peuple haïtien.

Les haïtiens veulent continuer de vivre libres ou de mourir. Ils veulent encore soutenir le slogan héroïque "Indépendance ou la Mort," mais la nation est en manque d'Haïtiens possédant l'audace diplomatique de l'homme de l'habitation Bréda et l'arrogance xénophobe de l'homme de l'habitation Cormier. Le premier a su comment utiliser l'Espagne et la France pour défendre la cause de ses frères esclaves tandis que l'autre a déclaré à n'importe qui voulait l'entendre que l'objectif principal de la guerre était une révolution pour l'indépendance totale et qu'il ne négocierait plus avec ces barbares Européens.

Les politiciens haïtiens d'aujourd'hui pratiquent la politique de mégarde de l'intérêt commun et de satisfaction de leurs intérêts personnels et c'est cette politique qui a servi d'invitations à la communauté internationale à venir se réinstaller sur la terre de ceux qui restaient éveillés jours et nuits à façonner des manœuvriers fiables qui plus tard ont renversé l'opulence française, anglaise et espagnole.

Si l'histoire peut vraiment se répéter, le peuple haïtien attend de Dieu qu'il réincarne en ses hommes la fougue, le zèle, la bravoure, l'audace, le stratagème, la xénophobie, et l'intelligence de Dessalines, Toussaint, ou de Rosalvo Bobo et de Charlemagne Péralte.

On en voit de ces gouvernements dont la politique générale ne fait qu'ouvrir les portes de la souveraineté pour que les forces étrangères en franchissent pour venir violer les droits fondamentaux et désemparer les paysans haïtiens de leurs habitations et de leurs agricultures. La terre d'Haïti a besoin d'hommes qui renfermeront en eux l'instinct néo-Louverturiste et l'orientation néo-Dessaliniste.

Le peuple haïtien veut que le Grand Dieu dans sa puissance illimitée, écarte de son giron politique ceux-là qui ne travaillent pas pour la défense du territoire national et pour la restauration des traditions haïtiennes. Le peuple haïtien espère que Dieu dans sa bonté infinie chasse ceux-là qui sont l'opposé des hommes qui ont dédié leurs vies entières pour chasser les Blancs des terres que la sueur et le sang des Noirs venus d'Afrique ont éclaboussés.

BIOGRAPHIE

Bobb RJJF Rousseau est détenteur d'un Doctorat en Droit et Politiques Publiques de l'Université Walden aux Etats-Unis d'Amérique. Il est détenteur de trois maitrises respectivement en la Gestion de Technologie de l'Information, Développement des Ressources Humaines et Gestion et Leadership de l'Université Webster aux Etats-Unis d'Amérique. Il est en outre détenteur d'un Diplôme en Droit de l'Université d'Etat d'Haïti.

Même de loin, Bobb observe constamment la politique haïtienne. Il ne manque jamais une occasion de faire entendre ses opinions sur la gouvernance illogique et les processus de prise de décisions irrationnelles des dirigeants. En fait, il a déjà publié une vaste littérature sur l'échec du système politique de sa patrie. L'objectif principal de ses œuvres a toujours été pour stimuler ses frères et sœurs à comprendre leur rôle dans le développement durable de leur pays. La majeure partie de ses travaux se concentre sur la mobilisation et l'activisme politique pour aboutir à l'autosuffisance et l'autodétermination populaire.

Là où les politiciens voient le peuple comme des électeurs, Bobb voit des occasions d'utiliser chaque citoyen comme un agent de développement pour apporter des changements positifs à sa communauté. En fait, le gouvernement utilise les festivités carnavalesques et les Raras comme des avenues de divertissements et de loisirs. Certes, sous un autre angle, Bobb voit un potentiel encore plus large en proposant d'utiliser ces plateformes comme des moyens de sensibilisation. Par exemple, en investissant dans des chansons d'alphabétisation, des textes et des affiches visant à éduquer les gens sur la citoyenneté, l'engagement communautaire et l'activisme ou la militance politique, l'amour de la patrie.

Quand le gouvernement restreint la liberté de la presse, Bobb voit encore plus de possibilités d'habiliter les médias à motiver et à rassembler les communautés autour d'un but commun. Ces mêmes gouvernements traitent la diaspora haïtienne comme une source de revenus, Bobb propose plutôt d'utiliser les transferts de fonds de la diaspora comme des investissements plutôt que comme des dons. Il voit également la diaspora comme une composante viable du développement communautaire. Bobb plaide également pour transformer en modèle de création d'emplois le modèle de charité dans lequel les dirigeants haitiens utilisent les fonds en provenance de la communauté internationale comme des dons résultant des organisations de bienfaisance.

Bobb estime que des entités tels que les partis politiques, les organisations populaires doivent être intégrées dans les communautés comme étant des agents d'éducations, de développement afin d'écouter les préoccupations du peuple et pour les armer de connaissances en vue de défendre la démocratie haïtienne dans toute son intégralité.

En peu de mots, Bobb comprend que le potentiel sociopolitique de la nation haïtienne reste encore inexploité et que la mobilisation politique demeure un espace inexploré par les politiciens.

Enfin, Bobb croit que l'éducation civique est primordiale pour le peuple haïtien. Car une fois éduqué, le peuple haïtien votera indubitablement non pas pour des candidats dépourvus des programmes électorales absurdes mais pour le changement, le développement durable, la vérité et l'espoir. Il croit, une fois responsabilisés, les Haitiens voteront pour défendre la liberté parce que l'acte de voter est patriotique. Il croit fortement, qu'une fois habilités, les Haitiens voteront pour faire une différence afin de laisser la liberté sonner. Il croit, une fois politiquement lettrés, les candidats dériveront de la communauté au lieu d'être imposés au peuple par les partis politiques et le gouvernement. Toutes les communautés haïtiennes ont de fortes valeurs socio-politiques rédemptrices. En effet, chaque vote est important, chaque vote compte.

Bobb exhorte chacun d'entre vous à prendre en charge la destinée politique de votre communauté. Il conseille également à ses concitoyens de laisser personne se tenir entre leurs votes et le développement politique de leur communauté.

BIBLIOGRAPHIE

Adams, M., Novak, P. & Shaw, E. (2015). Social Justice isn't what you think it is. Encounter Books. New-York City :NY.

De Graauw. E. (2014). The Integration of Immigrants into American Society. National Academic Press.

Camilien P. (2015). La loi de ma bouche n'est pas à vendre. Retrouvé sur https://laloidemabouche.ht/2015/09/06/la-loi-de-votre-bouche-sarrete-a-la-diffamation/

Chombeau, A. (2016). Ce que dit la loi à propos de la diffamation, du dénigrement et des injures sur Internet. Retrouvé sur http://www.huffingtonpost.fr/alexandre-chombeau/diffamation-denigrement-injures-internet-loi_b_10105454.html

De Jouvencel, P. (2014). De la diffamation en matière électorale. HACHETTE LIVRE-BNF, Nantes, Fr

De Peronne, B. (2010). De La Diffamation des fonctionnaires publics: Discours (1895). Kessinger Publishing, LLC. Whitefish, MT

Geffrard, R. (2014). Diffamation: comment établir la faute ?. Retrouvé sur http://lenouvelliste.com/lenouvelliste/article/130099/Diffamation-comment-etablir-la-faute.html

Gerkrath, J. (2009). Signification et fonctions d'une constitution. Retrouvé sur https://www.forum.lu/pdf/artikel/6579_286_Gerkrath.pdf

Jadotte, E. (2012). Brain drain, brain circulation and diaspora networks in Haiti. Retrouvé sous http://unctad.org/en/PublicationsLibrary/ldcr2012-bp1.pdf

Jean-Baptise, J. (2016). La loi sur la diffamation votée à l'unanimité par le Sénat – Retrouvé sur http://lenouvelliste.com/article/169207/la-loi-sur-la-diffamation-votee-a-lunanimite-par-le-senat#sthash.cUFdaJPH.dpuf

Joseph, W. (2011). The effects on brain drain on Haïti. Retrieved from http://drum.lib.umd.edu/bitstream/handle/1903/12464/Joseph.pdf;jsessionid=A65CFE435788149A5CCD188612BD9F17?sequence=1

Mbida, A. (2012). La diffamation en droit camerounais de la communication. Editions L'Harmattan, Paris, Fr.

McGlothlin, J. (2014). What country has the oldest constitution. Retrouvé sur http://www.westernjournalism.com/country-oldest-constitution/

Mendiri, A. (2016). Philosophie pour tous. Les Editions Connaissances et Savoirs Pour Tous. Paris, Fr.

Messe, E. (2009). The Meaning of the constitution. Retrieved from http://www.heritage.org/political-process/report/the-meaning-the-constitution

Pierre, M. (2014). Haiti's claim over Navassa island: A case study. World Maritime University Dissertations. Retrouvé sur http://commons.wmu.se/cgi/viewcontent.cgi?article=1473&context=all_dissertations

Underhill, K. (2014). The Guano island act. Retrouvé sur https://www.washingtonpost.com/news/volokh-conspiracy/wp/2014/07/08/by-kevin-underhill-the-guano-islands-act/?utm_term=.60b7ef30be91

Sabourin, C. (2010). Cash for work' program rebuilds Haiti, and its economy. Retrieved from http://www.acted.org/en/afp-cash-work-program-rebuilds-haiti-and-its-economy

Trochu, J. L. (2016). Procès Trochu: Plainte en diffamation et outrages envers un dépositaire de l'autorité publique : Débats devant la Cour d'Assises de la Seine : Audiences. Forgotten Books. London, UK

Wah. T. (2013). Engaging the Haitian diaspora. The Cairo Review of Global Affairs.

www.ingramcontent.com/pod-product-compliance
Lightning Source LLC
Chambersburg PA
CBHW071445180526
45170CB00001B/463